JN272108

対人援助職の
ための
リスニング
AN INTRODUCTION TO LISTENING

カウンセリングの
基本となる聞き方

中島 暢美 著
NAKAJIMA NOBUMI

ナカニシヤ出版

はしがき

　本書は，対人援助の仕事に就く方々に向けて書いたリスニングの実践書です。

　私はこれまで教員や講師として，対人援助職を志す学生や対人援助職の方々に，カウンセリングをはじめとする臨床心理学領域の講義や研修を行なってきました。

　ひとくちに対人援助職といっても様々な職業があります。私の場合は，主として，看護大学や看護専門学校の学生，医療社会福祉系の大学や専門学校の学生，兵庫県看護協会主催の研修では看護師，兵庫県や宝塚市などの教育委員会が主催の研修では教師や保育士の方々を対象としてきました。

　対人援助職を志す学生や対人援助職の方々に講義や研修を行なうような好機に恵まれるとは露ほども思わず，私自身もまた対人援助の専門家になるべく大学で学び，専門資格取得後も数々の研修に参加してきました。初学者の頃は，カウンセリング関連の本も数えきれないほど読みあさりました。そのなかでは，素晴らしい先達や本との出会いも多くありました。しかし，ときには首を傾げたくなるような，納得しがたい研修や本もありました。そして未熟な私には，それらがどうして自分には受け入れられないのかを明確に説明することができませんでした。

　あるとき，自宅にセールスの電話がかかってきました。電

話口の向こうの女性は，私がなんとかして断ろうとする言い訳に対して「うん，うん，うん」と少し高めの声で優しく相槌をうち続けました。見知らぬ他人にもかかわらず，まるで身内のように親しげで，いかにも「あなたの言うことはよくわかっているわ」というような感じでした。ところが，私が「よかった，わかってもらえた」と安心しかけた頃，女性はなかば強引にセールスを繰り返し始めました。そこで私は，この女性は私の話など全く聞いておらず，何を言っても無駄だったのだということがわかりました。

では，あのいかにもわかったような相槌は何だったのでしょう。聞いていないのに等しいにもかかわらず，親切で親身な感じさえ与えるあの相槌は，セールス・トークのひとつだったのでしょうか。私は，あの相槌を，私がどうしても受けつけられなかった研修でも，「受容」と「共感」がキラキラと散りばめられた講師の話とともに何度も聞いたことを思い出しました。リスニングの型として，あの「うん，うん，うん」という相槌は外せないものだったのです。

日本の伝統的な武道，華道や茶道などでは，初学者は基本の型をしっかり学ばなければなりません。他人の話を聞くための型のようなものもリスニングの初学者には必要です。が，やはりその中身も忘れてはなりません。では，中身とは何でしょうか。少しでも，リスニングについての知識を持つ人ならば，「受容」や「共感」と応えるのではないでしょうか。では，「受容」や「共感」とは何でしょうか。これも，ある程度の知識がある人ならば，その定義を応えることができるでしょう。では，一体どうやって「受容」や「共感」を

するのでしょうか。

　本書は,「受容」や「共感」をするためのリスニングについて述べたものではありません。本書は, 対人援助の専門家としてのこれまでの実践をふまえた試案として, リスニングを身に付けるための手がかりとして書かれたものです。

　本書は, Ⅰ～Ⅳの構成になっています。

　「Ⅰ. リスニングとは」は, 本書がリスニングについて書かれた他の本と少し趣が違うことをご理解いただくためにも, まず必ず読んでいただきたいところです。「Ⅱ. カウンセリングの基本となる聞き方」「Ⅲ. リスニングの実際」は, 臨床心理学や発達心理学の学習をもふまえた, やや専門的な内容になっています。「Ⅳ. 生活のなかのリスニング」は, 対人援助職の方々が日常的に遭遇するような場面を想定して書かれています。従って, Ⅰは, 必ず最初に読んでいただきたいのですが, Ⅱ, Ⅲ, Ⅳは読者が読みたい, あるいは読みやすい, わかりやすいと思う順番で読んでいただいてもよいと思います。

　対人援助職の多くの方々は勉強熱心で真面目で, いつも頭が下がる思いです。

　本書が皆様方の一助となれば嬉しく思います。

　出版にあたっては, まず, これまで私にかけがえのない多くのことを教えてくださった対人援助職を志す学生や対人援助の仕事に就く方々に感謝を申し上げなければなりません。皆様方との出会いがなければ, このような本を書くことはできなかったでしょう。記して, 深く感謝申し上げます。また, 本書が単なるテキストではなく私の実践を活かしたもの

を書くことができるよう，ご尽力くださいましたナカニシヤ出版の面高悠氏，山本あかね氏に深くお礼を申し上げる次第です。

　2014 年 3 月 1 日

中島　暢美

目　次

はしがき　*i*

Ⅰ　リスニングとは ——————————— 1

1. 聞こうと努力する過程　3
2. リスニングの必要性　9
3. 対人援助職のためのリスニング　14

Ⅱ　カウンセリングの基本となる聞き方 — 23

1. **積極的傾聴**　25
   - (1) きちんと聞くこと　25
   - (2) 目　的　27
   - (3) 効用 —ラポールの形成—　32
   - (4) 他者理解　42
2. **自己理解の促進**　49
   - (1) 基本的情動性の理解　49
   - (2) 防衛機制 —自分との折り合いをつけること—　75
3. **対話的関係の確立**　86
   - (1) お互い的コミュニケーション　86
   - (2) 共感的理解　92

III　リスニングの実際 ───── 95

1. リスニングの対象　97

（1）相 談 者　97

（2）内　　容　100

（3）家　　族　104

2. リスニングの始め方　106

（1）最初の出会い　106

（2）観　　察　109

（3）見 立 て　112

（4）要　　領　118

3. リスニングの約束事　126

（1）時　　間　126

（2）守　　秘　129

4. リスニングの実際　136

（1）最初の聞き方　136

（2）用例と要点　139

IV　生活のなかのリスニング ───── 147

1. 基本は常識的対応　149

（1）日常的コミュニケーションから

　　―保育士の例―　149

（2）援助職従事者としてのリスニング

　　―保育士の例―　152

2. 日々,紡がれる関係　156

　　(1)「ねぎらい」と「確実に繋ぐ」こと
　　　　―保育士の例―　156

　　(2) 援助職従事者のタイプとチーム・ワーク
　　　　―看護師の例―　162

3. 異例の場合　166

　　(1) 良識的対応
　　　　―教師の例―　166

　　(2) 常識的対応を超える場合　170

4. 援助職従事者としての自分のために　173

　　(1) 心　構　え　173

　　(2) スーパービジョン　175

文　　献　　179

I

リスニングとは

1 聞こうと努力する過程

　リスニングとは，結局のところ何をすることなのだろうか。

　そして，カウンセリングの基本となる聞き方とは，一体どのようなものなのだろうか。

　まず，本書でいうところの，リスニングとは何か，について述べておきたい。

　リスニングは，英語表記では"listening"である。

　その意味は，意識的に耳を傾けて「聞こうと努力する／make an effort to hear something」ことである。

　また，混同されがちなヒヤリング（"hearing"）の意味は，「自然に耳に聞こえる／perceive with the ear」ことである。

　日本では，リスニングを意味するような場面でヒヤリングという語が使われている場合や，またその逆もあり，両者がどう違うのか迷ったり混乱したりすることも多いのではないだろうか。

　リスニングは「聴く」，ヒヤリングは「聞く」と分けて漢字表記されることもあるが，両者とも「聞く」と表記されることも多々ある。漢和大字典では，「聴く」は「まともに耳を向けてきく，耳を澄ましてききとる感覚」という意味，「聞く」は「へだたりをとおして耳にする，人の話やよそからの音をきく」という意味とされ，英語と近いニュアンスで分けられている。しかし，広辞苑では，「聴く」と「聞く」は並列に表記され同義語として取り扱われている。

　本書では，他人の話を聞く(ひと)にためにはそれなりの努力が必

要であるという意味が、リスニングという言葉自体にすでに含まれているところに注目したい。そこで本書では、リスニングとは、他人(ひと)の話を聞こうと努力する過程(プロセス)であると考えることにする。

　多くの人は幼少期から、家庭では両親に、学校では教師に、「他人の話はきちんと聞きましょう」と教えられてきたに違いない。「きちんと」というのは、「正確で、規則正しく、過不足がない」という意味である。つまり、「他人の話は、正確に、規則正しく、過不足なく聞きましょう」という教育が、家庭と学校で一貫して行なわれているのである。

　しかしながら、両親や教師に「他人(ひと)の話をきちんと聞いていたのか」と指摘された経験がただの一度もないという人はいないのではないだろうか。少なくとも一度くらいは「聞いていなかった」ことを叱られたり注意されたりしたことがあったのではないだろうか。また、「聞いていた」と反発したり憤慨したりすることがあったのではないだろうか。間違いなく自分は「聞いていた」のだが、両親や教師には聞いているようには見えなかったのかもしれない。つまり両親や教師が納得するような聞き方や、いかにも聞いている様子ではなかったのである。たとえば、正座する、姿勢を正しくする、話している人の目を見るなど、両親や教師が期待するような話を聞く態度ではなかったということである。また、自分は「聞いていた」（つもりだった）かもしれないが、聞き漏らしていることがあったり、どうしてだか聞いていなかったりしたこともあったのかもしれない。

　では、なぜ、

> 母　親：「聞いていなかったのでしょ」
> 子ども：「聞いてた」
> 母　親：「聞いていなかったのに決まってる！」
> 子ども：「そんなことない！　聞いてた！！」

といった言い合い，誤解や思い違いが起こるのだろうか。

「他人(ひと)の話をきちんと聞く」ことは，結構，大変なことだからである。労力と時間を要し，そうやすやすとできることではないからである。

ましてや，年がら年中，雨の日も風の日も，どのような体調や気分のときもそうすることは，幼少期の子どもには過酷なことなのである。

成人でも常にそれを行なうなどということは不可能といっていいのではないだろうか。

天性として，何時(いつ)でも，何処(どこ)でも，じっくり時間をかけて，「他人(ひと)の話をきちんと聞く」ことができるような人は，いるかもしれないが，恐らくそう多くは存在しないだろう。

「他人の話をきちんと聞く」という教育が，間違いであるといっているわけではない。

なぜ，そのような教育を幼少期から行なわねばならないのかというところが重要なポイントなのである。

その理由としては，以下の三つが考えられる。

第一に，ほとんどの人は他人の話を聞くよりも，他人に自分の話をして聞いてもらう方を好むからである。

昨今は，成人しても「人見知り」と自分を称し，「人前で話すのは苦手」とする人が多い。しかし，そのような人であっても，自分がリラックスでき，何を話しても安心と思える相手にならば，色々なことを話してそれを聞いてもらいたいと思うのではないだろうか。多くの人は，他人の話を聞きたいという欲求よりも，他人に自分の話をしたい，そしてそれを聞いてもらいたいという欲求の方が勝っているのである。

そして，それは必ず誰か他人に聞いてもらわなければならない。血の繋がりがあるなしにかかわらず，血の通った自分以外の人間という意味の他人である。無機質な壁にいくら話しても用を足さないのである。少しは気が済むこともあるかもしれないが，却って欲求不満に陥ってしまうこともあるかもしれない。無機質な壁に話す姿など傍から見た目も不気味であるが，それは「話す」のではなく「ひとりごと」になってしまうからである。自分が話すことは，誰かに聞いてもらわなければ，まさに報われないのである。また，誰かといっても誰でもいいというわけではない。やはり「他人の話をきちんと聞く」人に聞いてもらえることにこしたことはない。しかし，たとえ自分が期待するほどには「きちんと」聞いて

くれなくとも，壁に話すよりは随分ましなことは確かである。人はそれほど他人に自分の話をしたいし，それを聞いてもらいたいのである。

　第二に，他人の話を聞くよりも，自分の話をして聞いてもらう方が心理的には気楽だからである。

　元来，人は見たいものを見たいように見て，聞きたいことを聞きたいように聞いている。また，聞くのは耳だと思われているが，実際は脳で聞いている。従って，脳が聞くことに積極的でないときは「何か聞こえているなあ」という状態なのである。

　大方の人は，他人と日常的な会話をしているときに聞き手に徹することはないだろう。著名人，有名人や芸能人による講演，テレビやラジオを聞いているのとは異なり，目の前にいるごく普通の他人の話をただ黙って聞いているだけというのは退屈で疲れるものである。聞き手でいるためには，多かれ少なかれ心理的負担を伴うのである。

　他人の話に「ふ〜ん」「ふんふん」「へえ〜っ」「うっそー」と大げさに相槌を打ってみたり，「いやいやいや…」「それはない」「違うよ」と否定したり，「ちょっと待って」「それはそうと」「そういえば」とさえぎって口を挿んだり，といったことは日常的な会話では普通に行なわれているだろう。ときには，「ってことは…」，あるいはもっとあからさまに「私の場合は…」と他人の話を自分の話にしてしまい，とうとう自分の話をし出すことも少なくないかもしれない。

　とはいえ，そのような日常的な会話でさえも，聞き手としての役割を暗黙のうちに求められることがある。話し手が自

分の抱えている問題，相談や愚痴などを聞き手に「きちんと」聞いて欲しいと望むときである。それは，「相談があるんだけど…」「話，聞いて欲しいんだけど…」「実は…」などと切り出される。このような場合，聞き手は，話し手の抱える問題をできるだけ理解しなければならない，話し手の気持ちを汲まなければならない，話し手を慰めてあげなければならないなどと思うのではないだろうか。だから最初のうちは話し手の話を一生懸命聞くに違いない。それから，聞き手の多くは，話し手が十分に話しきったか否かは別として，自分の意見を挿んだり，助言を始める。話し手はそれを聞くために話したのだからと，話し手は聞き手に意見や助言を求めているものであると思い込んでいる人が少なくないのである。しかし，実は，意見や助言というのは聞き手が自分の考えを話すことなのである。だから，聞き手は自分が話し始めたときからすでに聞き手ではない。話し手となり，聞き手と話し手の立場を逆転させているのである。つまり，あたかも話し手がそれを望んだかのような自然さで，自分が話し手にとって代わり，そのまま聞き手であり続けることの心理的負担から逃れているというわけである。

　第三に，一般的には，話し上手な人というのは明るくて積極的といったイメージとして捉えられやすい一方で，聞き上手な人は大人しくて消極的といったイメージとして捉えられやすいからである。

　いわゆる話し上手な人というのは知的で存在感があり，あたかも社会的価値が高いかのように思われがちなのである。講演で聴衆を惹きつけたり，討論で相手を論破したりする人

はやりひときわ目立つ存在である。あるいはそのような特別な場でなくとも日常のちょっとした話題で周囲の注目を集めたり，笑わせたり，場を盛り上げたりすることが上手な人がそうである。それに比べて，聞き上手な人というのは，話し上手な人のように注目されたり人目を惹くことが少なく，その存在感は希薄であるように思われがちなのである。

　しかしながら，話し手が話し手としていられるのは聞き手が存在するからであり，人が話し上手であるためには，聞き上手な人が要ることを忘れてはならない。人は壁に話しても埒が明かないのである。

　「他人(ひと)の話をきちんと聞く」ということは，他人の話を聞くために労力を要し，自分の時間をそれに費やすことであり，そう簡単なことではなく，また楽なことではないのである。「他人(ひと)の話をきちんと聞く」態度は，自らが意識して行なわなければできないことである。人の成長過程で誰もが自然にできるようになることではない。だから，幼少期からの一貫した教育が必要なのである。ましてや，カウンセラーのように「他人(ひと)の話をきちんと聞く」ことを職業とするならば，特別な訓練(トレーニング)やその継続が必要不可欠なのである。

　つまり，リスニングは，他人(ひと)の話をきちんと聞こうと努力する過程(プロセス)なのである。

2　リスニングの必要性

　リスニングは，人と人とのコミュニケーション（communication）においてどれほど必要とされているのだ

ろうか。

　コミュニケーションとは何かと何かが互いに作用を及ぼし合うことであり，人と人とのコミュニケーションにおいては，意思疎通や相互理解を意味するものである。

　近年，人と人が繋がり，絆を深め，共に歩もう，というようなスローガンがよく見聞きされる。そして，これらを実現するためのコミュニケーション・スキルが求められている。

　インフォメーション・テクノロジー（Information Technology，以下ではITと表記する）の普及により，これまでにはなかったコミュニケーション・ツールといわれる製品が次々と世に出てきて，コミュニケーションの新時代を迎えたといわれて久しい。必要な情報に誰もが自由にアクセスでき，多くの異なる情報と関係を即時的，効率的，創造的に活用することが可能となり，友人，知人のみならず見知らぬ人までにも交流が拡大した。

　一方，それは同時に膨大な情報と関係をとめどなく一方向的に与え，与えられることにもなった。とりわけ与えられる側になることが多い場合，そのスピードと量は，ときに強迫的なものとなり，疲労感を覚える人も少なくないのではないだろうか。ITの便宜性をもはや否定するつもりはない。しかし，ITによって人のコミュニケーション能力が高められるかと問われると，それは難しいといわざるをえないのである。

　また，従来コミュニケーション・スキルとされているものは，自主性や積極性が大いに奨励され，自己の表現能力を高め，自己を主張する，いわゆる話し上手になるための内容が

主流である。語学力のみならずディベートなどのスキルを身につけ，国際社会に通用するような人材を育てるといったような教育に異論がある人はいないだろう。しかしながら，先述したように，そこには聞き上手な人よりも，話し上手な人の方が社会的価値は高いという大前提が確固としてあるように思われてならないのである。実は，話し上手な人はもとより，聞き上手な人も円滑なコミュニケーションやコミュニケーションの展開においては必要不可欠な人材であり，同様に社会的価値は高いのである。

元来，コミュニケーションというものは情報伝達のみで成立したとは見なされず，人と人の間で意志疎通が図られ，感情交流や相互理解が生じたときに成立するとされている。つまり，コミュニケーションの成立には，聞き手が，話し手の情報に注意を向け，伝達されたことを適切に受け取り，的確な理解をしているかどうかが，まずもって重要なことなのである。何よりもリスニングこそが，人と人とのコミュニケーションにおいて真っ先に求められていることなのである。他人の話をきちんと聞こうと努力する過程(プロセス)のなかで，コミュニケーションが円滑になり，展開し，この過程(プロセス)において，コミュニケーション能力は練磨されていくのだと思われる。

さて，本書は，対人援助職全般のためのリスニングについて述べるものであり，読者をカウンセラーやカウンセラーを目指す人に限定しているものではない。しかし，カウンセリングの専門的技術であっても，対人援助職全般に有用で実用的な内容については随所に述べることにする。

カウンセラーという職業は，リスニングの専門家といって

も過言ではない。

カウンセラーは、他人(ひと)の話をきちんと聞くための専門的訓練(トレーニング)を受け、それを身に付けた専門家である。カウンセリングと人生相談や占いなどとの混同からくる世間一般にある根強い誤解は、このことを念頭に置けば容易に解けるはずである。

カウンセリングとは、主として言語的コミュニケーションを通して相談者(クライエント)の"変容（modification）"を試みる特殊な人間関係である。従って、カウンセラーには、相談者(クライエント)への専門的な応答技術が要請されるのである。カウンセリングの目的は、相談者(クライエント)の思考や信念なども含まれた行動や問題の変容である。相談者(クライエント)自身が問題に向き合う作業を通して洞察や自己理解にたどりつくことである。そこでは、相談者(クライエント)の主体性が重視される。カウンセラーの仕事は、相談者(クライエント)に対して助言したり、指導したり、明確な解決策を提示したり、相談者(クライエント)の抱える問題を直接解決することではない。相談者(クライエント)が、多様な可能性の中から過去とは異なる適応的な行動を選択したり、主体的な問題解決ができるように援助することである。

では、それは具体的にはどういうことなのだろうか。

カウンセリングに訪れる相談者(クライエント)の心理的問題は多岐にわたる。

相談者(クライエント)の多くは、深刻な問題や苦悩を抱えているものの、普通で健康な人々である。

大方の人は、自分にとっての"重要な他者（significant other）"[1]、たとえば家族や親しい友人に裏切られたり、非難・誹謗されたり、軽蔑・差別されたり、誤解されたりなど

不本意なことがあったら,「辛い」「傷ついた」と感じたり,「なぜ」「わからない」と悩んだり,ときには「ひどい」「もうやめて」と嘆き苦しんだりするだろう。そして,ストレス,心理的打撃(ショック)や,それに伴う心理的苦痛が生じるだろう。人はこのような困難な状況や環境に置かれた場合,欲求不満や葛藤を体験する。これは,臨床心理学的には全く正常な反応である。しかし,だからといって,カウンセラーが「これは,臨床心理学的には全く正常なので,大丈夫ですよ」と対応すれば事が済むということは無いに等しい。カウンセリングに訪れる相談者(クライエント)は,一人でそれらを抱え込むのは辛すぎると感じていたり,一人ではそれらに対応できないと思っていたりするのが常である。たとえカウンセラーが「大丈夫ですよ」と言ったとしても,相談者(クライエント)は「大丈夫」だと感じたり思えたりしないのである。そこでまず,カウンセラーがしなければならないことは,「辛い」「なぜ」「ひどい」などと感じたり,思ったりしている相談者(クライエント)の「話をきちんと聞こうと努力する」こと,つまり,リスニングを行なうことである。

　カウンセリングは,まさしく他人(ひと)の話をきちんと聞こうと努力する過程(プロセス)である。

　そこでは,熱心に,注意深く,丁寧に聞くという意味の"積極的傾聴(アクティヴ・リスニング／active listening)",が終始一貫して行なわれる。

---

1) 意味ある他者。ある人を取り巻く他者の中で,その人のパーソナリティ,態度,価値観や自己概念などの形成に大きく影響を与える人のことをいう。具体的には,両親,兄弟姉妹,教師,友人などの可能性が高い。また,同一視の対象となることも多い。

リスニングは，相談者(クライエント)自身が心の底から「大丈夫」だと感じたり思えたりするようになり，それをカウンセラーに「もう，大丈夫です」と言葉で伝えることができるようになるまで続けられる。「どこまでリスニングすればよいか」を決めるのは相談者(クライエント)であってカウンセラーではない。相談者(クライエント)によって「どこまでリスニングすればよいのか」は異なってくる。カウンセラーが「ここまでリスニングすればよい」あるいは「ここまでリスニングすれば十分だろう」と決めるということは，カウンセラー自身がそこから先は「リスニングしない」あるいは「リスニングは必要ない」としてしまうことである。カウンセラーには「ここまでリスニングすればよい」という判断はできないのである。それはカウンセラー自らが「努力する過程(プロセス)」を放棄するに等しいことだからである。

　カウンセリングにおいて，リスニングはコミュニケーション・スキルの基本となるものである。カウンセラーには簡にして要を得た応答技術が必要であることは周知の事実である。しかし，最優先されるべきことはリスニングを身に付けることである。リスニングの技術が向上するのと並行して応答技術も研ぎ澄まされていくのである。

3　対人援助職のためのリスニング

　対人援助職において有用で実用的なリスニングとは，どういうものなのだろうか。

　対人援助職とは，たとえば，臨床心理士，看護師，精神保健福祉士，理学療法士，作業療法士，介護福祉士，教師，保

育士，消防士，レスキュー隊，救急救命士など対人援助に携わる職業をさしている。

筆者はこのような仕事に就く人を"援助職従事者"としてきた（中島，2010, 2011）。

本書の主たる対象は，対人援助職を志す人や援助職従事者である。

では，なぜ援助職従事者にリスニングという技術が役立つのだろうか。

対人援助という仕事は，被援助者と接するのがその日常である。特に，臨床心理士，看護師，精神保健福祉士，理学療法士，作業療法士，介護福祉士，教師や保育士などは，援助の直接の対象者のみならず，その家族などとの接触も多く，対象者周辺に対する多種多様な援助が求められる。また，消防士，レスキュー隊や救急救命士なども含め，援助職従事者は，仕事自体がチーム（協働）で行なわれることが常であるため，職場でのチーム・ワーク（協働作業）が求められることはいうまでもない。つまり，対人援助という仕事には，援助の直接の対象者とその周辺，および職場内という，四方八方とのコミュニケーション能力が求められているのである。

カウンセリングのみならず，コミュニケーション・スキルの基本は，リスニングであると思われる。援助職従事者の場合，その仕事内容自体に，すでに，リスニングが含まれているといっても過言ではないだろう。対人援助という仕事は，相談者（クライエント），その家族，また同僚などの話を，まずもって聞かなければ始まらない仕事である。営業職や販売職なども客（クライエント）と接するため，リスニングを要する仕事である。しかし，援助

職従事者とは,リスニングの内容の水準(レヴェル)が大きく異なるものである。

対人援助職の基準原則や援助職従事者の行動規範としては,米国の社会福祉学者であるバイスティック(Biestek, F. P.)が『ケースワークの原則―援助関係を形成する技法―』(Biestek, F. P., 1957)で記した"バイスティックの7原則"が頻繁に引用される。

これは,以下の7原則からなるものである。

・個別化(individualization)
・自己決定(client self-determination)
・受容(acceptance)
・非審判的態度(nonjudgmental attitude)
・秘密保持(confidentiality)
・統制された情緒関与(controlled emotional involvement)
・意図的な感情表現(purposeful expression of feeling)

では,その内容を見てみよう。

個別化では相談者(クライエント)の個別性が重視される。相談者(クライエント)の抱える困難や問題は一人ひとり異なる問題であり,全く同じ問題は存在しないとするものである。従って,ラベリング(人格や環境の決めつけ)やカテゴライズ(同様の問題をまとめて分類し同様の解決手法をとろうとすること)はできないとする考え方である。援助職従事者は,とかく経験を積むにつれ,一人の相談者(クライエント)ではなく問題や疾患の方に目が向きがちになり,援助職従事者側の思い込みに偏りやすくなる。援助職従

事者は，相談者(クライエント)を常に唯一人の人として捉え，個々の相談者(クライエント)のニーズや状況に応じた対策や解決を図らねばならないという原則である。

自己決定では，相談者(クライエント)自身が自らの行動を決定するということが重視される。問題解決の主導権は相談者(クライエント)にあり，援助職従事者が一方的に指示したり命令したりするのではないという考え方である。あくまでも援助職従事者は相談者(クライエント)が社会的資源や情報などを最大限活用できるような援助をしなければならないという原則である。

受容では，相談者(クライエント)の思いや考えは，相談者(クライエント)のそれまでの経験からなるものであり，援助職従事者はその行動や価値観などを全てふまえた上で，あるがままの相談者(クライエント)を受け入れるような援助を行なうことが重要視される。この原則によって相談者(クライエント)に対する命令や否定が抑制されるが，相談者(クライエント)の道徳的・社会的規範に反する逸脱行為については許容されているわけではない。

非審判的態度は，援助職従事者は相談者(クライエント)の行動や思考に対して善悪の判断はしないとするものである。援助職従事者は相談者(クライエント)を客観的に評価することはあっても，援助職従事者自身の価値観で相談者(クライエント)を裁くようなことがあってはならないとする原則である。

秘密保持では，相談者(クライエント)の個人情報やプライバシーに関する秘密は絶対に他方に漏らしてはならないという個人情報の保護が重視される。これは，相談者(クライエント)の信頼を得るために不可欠なことである以前に，援助職従事者としての適正が問われる原則である。

統制された情緒的関与では，援助職従事者が相談者(クライエント)に対して感情的にならずに対応するための技術が重要視される。相談者(クライエント)の感情を受容することにより援助職従事者の感情が動かされることがある。しかし，援助職従事者がそのような感情を表現することによって相談者(クライエント)に対して何らかの影響を与えてしまうことを理解し，自覚的であることが必要とされる。

　意図的な感情表出では，相談者(クライエント)が自由に感情表現できるよう，援助職従事者の意図的なはたらきかけが重視される。抑圧されやすい不安，怒り，恐れ，後悔や悲哀などの否定的感情，あるいは安堵，将来への期待や希望などの肯定的感情の言語的・非言語的表出を促進するという考え方である。

　バイスティックの7原則は，相談者(クライエント)と援助職従事者との"信頼関係（ラポール／rapport）"を構築するための原則として著され，対人援助の基本とされる原則である。しかしながら，これらは実務上の実現にはほど遠く，意識的・無意識的に継続するには困難な現状があると思われる。

　心理学では，"適応（adjustment）"は重要な概念のひとつとされている。適応とは，人と社会的環境との調和や均衡における"人格(パーソナリティ)（personality）"の状態を意味するものである。不適応とは，強い心理的不快，現実認知の歪みや社会的行動の逸脱といった環境に対する異常な心理的反応とされる。人は，目標達成のために行動するが，その根本は"快楽原理（pleasure principle）"に従っているため，適応の問題は不適応状態を土台にして考えられる。この人格(パーソナリティ)の原型は幼少期にあり，心理現象は環境への適応という側面を持つものである。

適応には，能動的適応と受動的適応がある。能動的適応は，自分の適性に見合う理想を実現するために環境にはたらきかけ，環境を積極的に変えていく行動である。それに対して，受動的適応は，自分を環境に合わせていく行動である。たとえば，責任感が強く完璧主義の人の場合，仕事や職場に適応しようとするあまり，自分の感情を抑制して我慢し過ぎたり，家庭生活や趣味などのプライベートをおざなりにしがちになることがある。この現象は，"過剰適応症候群（over-adaptation syndrome）"と呼ばれ，これが過ぎると"気分障害（mood disorders）"，いわゆる躁鬱病を発症することもある。

援助職従事者は，最初は，困っている人を助けたい，助けが必要な人の役に立ちたい，あるいは，わが国の将来を担う人材を育てたいなど，素朴で純粋な希望から仕事に就くことが多いと思われる。しかしながら，近年，医療介護福祉系の大学や専門学校が大量の援助職従事者を輩出している一方で，同じ職場で長く働き続ける人がそう多くはないという実状がある。超高齢化社会に向けて医療介護福祉施設が増設されていることは明らかであり，そこには人手が必要である。とはいえ，大量の新卒者を受け入れる空席が恒常的にあるということは，それだけ辞めていく人も多いということである。これは責任感が強く完璧主義の人や生真面目な人ほどバーン・アウトしやすいということと関係しているのではないだろうか（土居, 2000）。過剰適応症候群が引き金となって，疲れ果て，仕事が嫌になってしまって辞めてしまう。すなわち，燃えつきてしまう人が絶えないということなのではない

だろうか。

　バイスティックの原則は，カウンセラーの専門的技術に重なり，人間関係の基本原則となる内容である。そして，この原則は，たとえどこにもそう書かれていなくとも，リスニングなくしては成立し得ないものなのである。

　なぜ，リスニングについては書かれていないのだろう。

　対人援助の実践には，その基本となるリスニングについての知識と技術を欠くことはできないと思われる。対人援助職全般において，リスニングについて十分に教育がなされているのだろうか。リスニングは，援助職従事者ならば誰でも自然にできるようになるというものではない。訓練（トレーニング）が必要なのである。どのような仕事もそうだが，新人は，実践のなかで失敗したり成功したりといった経験を積むことによって一人前になっていく。最初は失敗することが多いだろうし，失敗するとやり直しやその対応に時間が取られる。つまり，一人前になるまでには時間がかかるのである。そのようななかで，コミュニケーション・スキルの基本となるリスニングの訓練（トレーニング）は行なわれずに，理念や専門的技術だけ教えられるのでは，現場では通用しないことが次々と起こっても仕方がないのではないだろうか。対人援助職の日常であるといってもよい目まぐるしい現場においては，オタオタして対応が不適切だったり，不十分だったり，オロオロして何もできなかったり，取り乱したりするようなことがあれば同僚の足手まといでしかない。ましてや人手不足が蔓延しているような職場であれば，そのような新人が一人前になるのを，周囲のみならず，当の本人さえ待つことができずに力つきてしまうので

はないだろうか。

　リスニングの知識と技術は，カウンセリングの基本となる聞き方の知識と技術である。

　これは，カウンセラーのみならず援助職従事者は，学生のあいだに学んでおくべきことで，カリキュラムに確実に組み込まれるべき内容だと考える。リスニングは，対人援助職全般におけるコミュニケーション・スキルの基本となる知識と技術でもあり，正しく身に付けておく必要があるからである。

　リスニングは，他人(ひと)の話をきちんと聞こうと努力する過程(プロセス)である。

　過程(プロセス)であるということは，一朝一夕にはできないということである。他人(ひと)の話をきちんと聞くためには労力と時間を要するのである。ましてやそれを生業とするならば，毎日毎日，どのような体調や気分であっても，いつも変わらず行なうことができなければならないのである。

　そして，リスニングの正しい知識と技術を学ぶことにより，援助職従事者一人ひとりが，他人(ひと)の話をきちんと聞こうと努力する，その努力の仕方を間違えないようになることが，本書の目的とするところである。

II

カウンセリングの基本となる聞き方

1 積極的傾聴

(1) きちんと聞くこと

"積極的傾聴（アクティヴ・リスニング／active listening)"とは，他人(ひと)の話をただ単に聞くというのではなく，熱心に，注意深く，丁寧に聞くという傾聴法である。耳のみならず五感を駆使して聞くようなイメージで，話し手に「もっと話したい」「もっと聞いてもらいたい」「もっと一緒に…」などと思わせるような聞き方である。

カウンセリングにおいては，カウンセラーは相談者(クライエント)に対して積極的傾聴を行なっているのである。カウンセリングは，主として言語的コミュニケーションによる援助を行なう心理療法である。従って，カウンセラーには，カウンセリングを展開するための専門的なコミュニケーション・スキルが必須となる。そこでは積極的傾聴が，最初に，そして一貫して行なわれている。つまり，積極的傾聴というのはカウンセラーにとっては，最も基本的で専門的な技術なのである。

本書は，対人援助職全般において有用で実用的なリスニングについて述べるものである。

リスニングとは，カウンセリングの基本となる，「他人(ひと)の話をきちんと聞こうと努力する過程(プロセス)」である。積極的傾聴についての理解は欠かせないどころか，根本的な理解が要求される。従って，この類の大方の本のように，この後は受容や共感について解説されるのが順当なのであろう。もちろん，それらは重要な内容に違いないので本書でも述べるが，その

前に，今一度思い出していただきたいことがある。他人の話をきちんと聞くということは簡単なことではなく，意識して行なわなければできないこと，をである。また，そのための労力と時間を要すること，をである。

　つまり，そのようなことはごく普通の会話においては難しいのが当たり前で，ことさらする必要もないのである。なぜならば，いつでもどこでも他人の話をきちんと聞こうと意識すれば，普通の会話が全く楽しいものではなくなってしまうからである。おいそれと何気ない会話ができなくなってしまうのである。「ねえ，ちょっと聞いてよぉ～」と屈託なく自分の話をすることをためらうようになってしまうかもしれないからである。

　くどいようだが，本書では，対人援助職を志す人や援助職従事者のためのリスニングについて述べている。

　つまり，本書で述べられた内容を，仕事以外で「心がける」必要は一切ないということである。

　対人援助職を目指す人や援助職従事者には生真面目で勤勉な人が多い，と思われる。そのような人々は，学んだことでよかれと思うことはすぐさま「日頃から，そうするように心がけよう」と思い，実行しようとするかもしれない。実際に，受容，共感や積極的傾聴など刺激を受けやすいキー・ワードについて講義すると，授業や研修後のレポートの多くに「日頃から心がける」決意が綴られるのである。それは素晴らしいことであり，褒め称えられるべきことである。けれども，ここで書かれていることについては，決して仕事以外で「心がける」ようなことはしないでほしい。是非とも，仕事にお

いてのみ有効に活用していただきたいのである。

また、積極的傾聴というのはカウンセラーという仕事における専門的技術のひとつと先述したが、本書では、一般に積極的傾聴とされているような内容も含めてリスニングとしている。援助職従事者には、リスニングまたは積極的傾聴についての理解が望まれるのである。

ただし、カウンセラーとカウンセラー以外の対人援助職とは、その訓練(トレーニング)の水準(レヴェル)はかなり異なるものである。カウンセラーには、積極的傾聴を身に付けるための特別な訓練(トレーニング)が必須である。それは専門家になった後も、"スーパービジョン(supervision)"を受けるなど、仕事を続ける限りは継続して行なわれなければならない専門的訓練(トレーニング)のひとつである。一方、他の対人援助職については、「話を聞くこと」自体が主たる仕事というわけではないので、カウンセラーの水準(レヴェル)まで身に付ける必要はない。それぞれの専門的業務が優先されるべきであり、その主たる仕事において有用で実用的なリスニングの習得が適切であると考える。

(2) 目　　的

リスニングとは、聞き手が聞きたいことを聞くのではなく、話し手が伝えたいことを聞くことである。

たとえば【例1：(1) ある高校の卒業生が、在学当時の担任教師に突然会いに来た】とする。

「ちょっと相談したいことがあって…」という卒業生は、中学校の教師として働きだしたばかりだった。

【例1：(1) ある高校の卒業生が，在学当時の担任教師に突然会いに来た】

> 卒 業 生：「あの…教師になりたくて一生懸命勉強して…。やっとなったけれど，やっていくうちに…なんかしっくりこない感じがして…向いていないような…気がしてきたっていうか…」
> 担任教師：「向いてないって…。教師のどこが向いていないの？」
> 卒 業 生：「う〜ん（考え込む）」
> 担任教師：「なりたくて一生懸命勉強したのでしょ。それで，やっとなった仕事なのよね？」
> 卒 業 生：「…（うつむいている）」
> 担任教師：「向いてないなんて…そんなこと…」
> 卒 業 生：「…」
> 担任教師：「そんなこと言わずに…もう少し頑張ってみたらどう？」
> 卒 業 生：「そう…ですね。一生懸命勉強して…やっとなれたのだし」
> 担任教師：「（卒業生の言葉にかぶり気味に）そうよ！　頑張って勉強してたじゃないの」
> 卒 業 生：「そうですよね…はい，もう少し…頑張ってみます」

　担任教師は教師になったばかりの卒業生を前向きに励ましている良い先生である。卒業生もまた「一生懸命勉強して」教師になるような真面目な人なのであろう。

　しかしながら，担任教師のリスニングについてはどうだろう。

卒業生は，担任教師の問いかけに対して，なぜ考え込んだり無言だったりしたのだろう。

卒業生は「なんかしっくりこない感じ」と言う以上，応えようがなかったのかもしれない。前向きに励ましてくれる担任教師の問いに対して応えられなかったのかもしれない。それで，卒業生は「なんかしっくりこない感じ」だけれど，そんなことより，やはり頑張って教師を続けなければと思ったのかもしれない。しかし，卒業生の「なんかしっくりこない感じ」は消えることなく残ったままかもしれない。ここでは，「なんかしっくりこない感じ」については，全くリスニングされていないからである。

仮に，卒業生が担任教師に励まされても「いや，でも…」と，うなずかなければどうだろう。

担任教師は，「教師になりたかったのよね」「教師になりたくても中々なれない人もいるよね」と，さらに励ます言葉を続けるのだろうか。もしそうであれば，この担任教師の「教師のような良い仕事に就いたのだから辞めるなんてもったいないし，そんなこともってのほか」といった価値観が顕著となるだけのことであり，さらにリスニングからは遠ざかっていくだろう。

他人の話をきちんと聞く，ということは，正確に，規則正しく，過不足なく聞くことである。話し手の感じていること，気持ち，なぜ話し手がそんなふうに感じたり思ったりするのか，話し手は何を伝えようとしているのかを理解しようとすることである。

多忙な中学校の教師である卒業生が，わざわざ足を運んで

まで担任教師に相談しに来ているのである。卒業生は一体何を相談したかったのだろう。「何かしっくりこない感じ」というのは、どういうような感じなのだろう。そうなった理由があるはずである。しかし、なぜそのような感じに至ったかという背景について聞かないことにはわからない。わかり合えるはずがない。まず、それを聞くことが肝心なのである。「誰でも教師になれるわけじゃないのに、贅沢な悩み」「どんな仕事であっても厳しいことはあるのに、甘い」などと端から思っていては、卒業生の心の声が担任教師の耳に届くことはない。聞き手の推量、判断や価値観が先行したり、自論の展開や助言が優先されるのは、話し手の話を聞いているようで実のところは聞いていないのである。このようなときは、聞き手の話す量が話し手よりも多く、聞き手の応答の速度が話し手よりも速く、ここでの担任教師のように、話し手の発言にかぶり気味になっていることがある。これは話し手のペースに合わせていないことが明らかで、話し手の言葉を最後まで丁寧に聞いているとはいい難い典型的な例である。

　リスニングは、話し手が自分自身の理解を深め、話し手が納得のいく判断や結論に到達できるように援助するための技法である。聞き手が、真摯に、一生懸命に聞く行為である。具体的には、話し手の感じていること、考えていることやその可能性を聞き出し、見守りながらつきあっていくことである。

　卒業生は何を伝えたかったのだろうか。

【例1：(2) ある高校の卒業生が、在学当時の担任教師に突然会いに来た】をリスニングしてみよう。

【例1：(2) ある高校の卒業生が，在学当時の担任教師に突然会いに来た】

卒 業 生：「あの…，教師になりたくて一生懸命勉強して…。やっとなったけれど，やっていくうちに…なんかしっくりこない感じがして…向いていないような…気がしてきたっていうか」
担任教師：「う～ん…しっくりこない感じ…ねえ」
卒 業 生：「…はい」
担任教師：「たとえば，どんな…？」
卒 業 生：「…たとえば…たとえば，授業していても楽しくないっていうか…」
担任教師：「それは…生徒が聞いていない？　授業態度が悪いとか？」
卒 業 生：「いや…むしろその反対ですね。静かだけど反応がないっていうか」
担任教師：「なるほど」
卒 業 生：「わかってるのか，わかってくれてるのか…わかんないんですね」
担任教師：「反応がない…」
卒 業 生：「…なんか…ちょっと…自信なく…なってきちゃって」
担任教師：「それで授業していても楽しくない…」
卒 業 生：「…ん…こっちは一生懸命に色々やってるのにって」
担任教師：「一生懸命に色々やってるんだ」
卒 業 生：「それは…。…教師に…なりたかったから」
担任教師：「あなたは，ずっと頑張り屋さんだったからねえ」
卒 業 生：「いやあ，そんなことないですよ！　今もこんな話

> 　　　　　「…先生に…」
> 担任教師：「私は話しに来てくれて嬉しいけど」
> 卒 業 生：「…なんか，カッコ悪くないですか？」
> 担任教師：「そんなこと…全然ないよ」
> 卒 業 生：「なんか…教師って…大変だなあって。自分…大丈夫かなあって」
> 担任教師：「ちょっと自信なくしちゃったのね」
> 卒 業 生：「…はい」

(3) 効用 ―ラポールの形成―

　リスニングを，なぜこれほどまでに重要視しなければならないのだろうか。

　労力と時間を要するとはいえ，他人の話を聞くことなどしようと思えば誰にでもできることではないのか。他人の話をきちんと聞くだけで，つまりは，リスニングを行なうだけで，その他人の問題が解決したり，その他人に新しい視点が開かれたりするようなことが本当にあるのだろうか。それほどの効果が実際にあるのだろうかと疑われることもあるかもしれない。

　リスニングの最大の効用は，"信頼関係（ラポール／rapport）"の形成である。

　理由としては，以下の二つが考えられる。

　第一は，リスニングによって，ほとんどの話し手が聞き手に対して良い印象や感情を持つことである。それゆえ，リスニングがコミュニケーションにおいて真っ先に必要とされるのであり，専門的技術が要請されるところなのである。たと

えば，初めて会った他人(ひと)なのに，自分の話を一生懸命聞いてくれて，その一生懸命さが伝わってきたら，どのような感じがするだろうか。大抵の人は，とても嬉しい気持ちになるのではないだろうか。そして，「もっと話したい」「もっと聞いてもらいたい」「もっと一緒に…」などと思うのではないだろうか。

カウンセリングにおいては，相談者(クライエント)との"最初の接触(first contact)"は非常に重要である。最初の接触が上手くいくかいかないかで，カウンセリングの成功・不成功が決まるとされるほど，初回面接の始め方は，カウンセリングを含むすべての心理療法において，カウンセラーの力量が問われるところなのである。

心理学では，"初期学習 (early learning) ／初期経験 (early experience)"についての理論がある。発達のごく初期に経験する環境刺激が，後の発達に重大な影響を及ぼすことを初期学習／初期経験の効果という。そして，この理論のもとになった研究に，ローレンツ (Lorenz, K.) による"刻印づけ (imprinting)"の実験およびその"不可逆的性質／非可逆性"がある。刻印づけの実験は，アヒルの雛が孵化直後の最初に見た動く物体を親と見なし，親とは全く似ていない物体に対しても同種個体に向けられる追従行動・発声など特定の行動特性が示されたものである。これは，アヒルに限らず，ガチョウ，鴨や鶏の雛は孵化後13～16時間に遭遇する刺激に対して，それが何であれ追従反応／追尾反応を示し，他のものには見向きもしなくなるという現象を示すものである。そして，この現象の特徴である不可逆的性質は，刻印づけが永続

的であることを保証している。

以上のように，初めて会う他人(ひと)に対するリスニングの効果は，心理学的に裏付けられたものなのである。

具体的には，たとえどのような内容の話であっても，まずは「聞き容れる」のである。

たとえば【例２：不登校の中学生の自宅に，担任教師が初めて家庭訪問する】としよう。

【例２：不登校の中学生の自宅に，担任教師が初めて家庭訪問する】

> 担任教師：「久しぶりだなあ…元気だった？」
> 生　　徒：「…（うつむいている）」
> 担任教師：「まあ，とりあえず，会えてよかった」
> 生　　徒：「…（うつむいている）」
> 担任教師：「実は…会ってくれるかなあって，先生，ちょっと心配してたんだ」
> 生　　徒：「…（うつむいている）」
> 担任教師：「なんか…学校に行きたくないって，お母さんに言ったんだって？」
> 生　　徒：「…（うつむいている）」
> 担任教師：「そうか」
> 生　　徒：「…（うつむいている）」
> 担任教師：「…まあなんか…色々…あるんだろうなあ」
> 生　　徒：「…（うつむいている）」
> 担任教師：「とりあえず，今日は顔を見ることができてよかったよ」

> 生　　　徒：「…（担任教師の顔をちらっと見る）」
> 担任教師：「また会いに来てもいいかな？」
> 生　　　徒：「…（小さくうなずく）」

　教師である限りは不登校に賛成するわけにはいかないだろう。しかし，「学校に行きたくない」という生徒の気持ちは，まず無条件に受け容れるのである。これができないまま訪問してしまうと，話を聞くどころか説教（説き伏せること）になる恐れがある。そこまでいかずとも，いわゆる登校刺激が先走ることになってしまう。登校させるという目的が前面に出てしまうと，生徒は担任教師に話をする気が失せるだけでなく，自分の気持ちが否定されてしまうことによって担任教師に「二度と会いたくない」と思うかもしれない。いじめなどのような具体的理由がないときは，なぜ「学校に行きたくない」のか生徒本人にも上手く説明できない場合も多い。仮に，生徒が無理して学校に行くことになったとしても，「学校に行きたくない」という気持ちは否定されているままなので担任教師との信頼関係は築かれてはいない。従って，不登校がまた繰り返される可能性が高いのである。

　援助職従事者は，まずは被援助者の気持ちを聞き容れ，それを肯定するのである。

　被援助者は，肯定されると，「何だかホッとして安心した」感じを得る。気持ちが聞き容れられると，「聞いてもらってホッとする」。「安心して」，もっと「楽」に話ができるようになるのである。被援助者が「安心して」話をし始めたら，援助職従事者は，被援助者の気持ちが意味するものに関心を

持って一緒に考えていけばよいのである。

　第二は，リスニングを行なうことによって，話し手が聞き手に映し出された自分を見出し，自己解決していくことである。聞き手が話し手の話に口を挟むことなく聞き続けていると，聞き手が話し手の感じ，考えや可能性を映し出す，あたかも鏡のようになるのである。聞き手が社会的枠組みに沿って話し手を説得しようとしたり変えようとしたりするのではなく，「解決法はきっと話し手がわかっているのだろう」と思いつつ聞いていると，話し手は聞き手に映る自分に気づいていくのである。

　心理学では，"ミラーリング効果（mirroring effect）"は好感を生み出すものとされている。好感を寄せる他人の話し方や動作を無意識のうちに模倣することである。他方，多くの人は自分が興味を持つことに関心を示したり，自分と同じことをしようとする他人を理屈ぬきで意識してしまうものである。そして対人関係における基礎的知恵として，他人の模倣行為が自分に対する好意や尊敬を表現したものとして認識されたとき，その他人は仲間や味方として記憶される。かくして，相互に好意を抱き，それを共通認識している場合は似たような話し方や動作として表れることになるのである。

　話し手は，聞き手がただ一生懸命聞いてくれていることで聞き手に対して好感を抱き，聞き手の中に良い自分を映し出す。それは「解決法はきっと話し手がわかっているのだろう」と期待されている自分を映し出すことである。従って，話し手は自ら問題解決に動き出すというわけである。

　以上のように，リスニングの効用は親和的・相互的信頼関

係，すなわちラポールの形成にあるといえるだろう。

　他人を理解しようとするとき，その他人との信頼関係が成立していてこそ，それが可能となることを忘れてはならない。信頼関係なくして他人を理解したり何かを説明したりできるとするならば他人を物体視する他ない。信頼関係なくして相互理解はあり得ないからである。信頼関係が深まるほど聞き手は話し手をよく理解することができ，話し手も理解されているという実感を確固として抱くことができるのである。

　臨床心理学では，この両者の間の温かい心の交流，心的状態をラポールという。

　"ラポール（rapport）"は，フランス語では「和解」「係る」という意味がある。話し手と聞き手の心が通じ合い，互いに信頼し，相手を受け容れている状態を指すものである。

　ラポールは，元来，オーストリアの精神科医メスメル（Mesmer, F. A.）が，動物磁気の実験に感応した患者との間に生じた関係を表現するために用いた語である。このメスメルの概念と実践的実験の発展は，19世紀の英国人医師ブライド（Braid, J.）による"催眠術（hypnosis）"の開発をもたらした。日本に伝わって来た当時，催眠術は眠りをもよおすように見えたため催眠術と名付けられたが，現代では催眠術という場合は"舞台催眠（stage hypnosis）"をさしている。催眠は超能力や魔術などと同様に扱われたりするなど誤解されがちであるが，心理学，脳科学や身体の構造を利用した技術である。そして，ラポールは，催眠における被施術者と施術者とのあいだに生じた関係を表すための用語だったのである。

その後,ラポールはカウンセリングのような心理療法においては,相談者(クライエント)とカウンセラーの間に,相互に信頼し合い,安心して自由にふるまったり,感情交流を行なったりすることができる関係が成立している心的融和状態を表す語として用いられるようになった。ラポールは,相手に対する好意,誠意や敬意によって築かれるため,カウンセリングにおいては基本的な前提条件とされている。

たとえば【例3:ラポールが成立している患者と看護師の会話】を見てみよう。

「この看護師さんにならなんでも話せる」,あるいは「この患者さんの話は安心して聞ける」という「感じ」が患者と看護師の両者のあいだに生じているとき,患者は心を開いて素直に色々なことを話そうとする。

【例3:ラポールが成立している患者と看護師の会話】

> 患　者:「実は…治療受けたくないんです。年だし…耐えられるかしら…って…(涙)」
> 看護師:「まあ…そうだったんですか。(ティッシュを取って患者に手渡す)」
> 患　者:「すみません。なんか…今になって…(涙を拭きながら)」
> 看護師:「大丈夫ですか？　今になって,急に不安になってきたんですね」
> 患　者:「…情けないですねえ(涙)」
> 看護師:「そんなこと…。でも,先生と相談して,ご自分で決められたのですよね？」

> 患　者:「ええ…まあ,そうなんですけど。…辛いって聞いているし…」
> 看護師:「ええ,辛い治療ですよ」
> 患　者:「うっ…(涙)」
> 看護師:「でもね,私たちがついていますよ」
> 患　者:「…あ…は…い…はい(涙を拭きながら)。はい,そうでしたね…」
> 看護師:「そうですよ。いつもそばにいますよ」
> 患　者:「いつも…そばに…」
> 看護師:「そうですよ。一緒に頑張りましょう」
> 患　者:「はい,ありがとうございます(笑顔)」

　このようにラポールが成立しているときは,援助職従事者が被援助者に対して「ええ,辛い治療ですよ」といった少々厳しい発言や助言をしても,被援助者はそれを心から素直に受け入れることができるのである。

　援助職従事者は,自分では常に被援助者に対して「正しいこと」を指導・助言をし,「正しい」援助を行なっているつもりである。もちろん専門家として,恐らく間違いないことを言ったり行ったりしているのであろう。しかしながら,難しいのは,「正しいこと」が「正論」だからといって被援助者に受け入れられるとは限らないことである。「正しいこと」が「正論」として被援助者に受け入れられるためには,その前に,ラポールが成立していなければならないのである。援助職従事者が指導・助言したことが被援助者が受け入れないとき,多くの場合,指導・助言の内容如何ではなく,被援助者と援助職従事者の両者のあいだにラポールが成立していな

いときである。被援助者に対して，特に被援助者が受け入れ難いような厳しい指導・助言を行なう場合には，被援助者とのあいだに親和的・相互的信頼関係，すなわちラポールが形成されているか否かが決め手となるのである。

また，たとえ，ラポールが成立している関係であっても，「ものは言いよう」ということを考える必要はある。

たとえば【例4：実習生と実習指導者の会話】を見てみよう。

病棟実習中の実習生が初歩的なミスを繰り返したとする。実習指導者は，その実習生を優秀と評価して可愛がり熱心に指導してきただけに失望が大きい。一方，実習生は自分がミスしたにもかかわらず，ぽんやり突っ立ったままで何も対処しようとしない。

【例4：実習生と実習指導者の会話】

> 実習指導者：「ちょっと…何，突っ立ってるの？」
> 実　習　生：「えっ…あ…」
> 実習指導者：「ぽんやりしてっ！　信じられないっ！　何度ミスしたらわかるの？」
> 実　習　生：「…すみ…ません…（涙）」
> 実習指導者：「ここで泣く？　…ったく…信じられないわ」
> 実　習　生：「…（涙）」
> 実習指導者：「泣く前にすべきことがあるでしょ？」
> 実　習　生：「…（涙）」
> 実習指導者：「あなた，この仕事に向いてないんじゃない？」

たとえ優秀であっても実習生である。ミスはするだろう。また，ミスを繰り返し，その後ぼんやり突っ立っていたのは指導されても仕方がないとしても，最後の言葉は言い過ぎである。実習生の人格を否定するような発言は，実習指導者として決して相応しいとはいえないだろう。実習生に対しては，指導・助言すべき"事実（出来事，やってしまった事柄）"に対して，必要ならば叱責し，自己反省を促し，そして必ず適切な指導・助言をするのが，後輩育成のための教育的援助であろう。

　さらに，被援助者の相談内容が，心の深い闇の部分に関わっている場合，深刻な場合ほど，ラポールが成立していない関係においては，むやみに介入するべきではない。それは，眼前の被援助者を無視して被援助者の心に土足で踏み込むようなものである。最悪の場合は，お互いにとって危険さえ伴うことがある。多くの場合，そのようなことがあると，被援助者はより一層心を閉ざし，殻に閉じこもり，猜疑心でもって援助職従事者を見るようになってしまう。

　近年，ラポールは，より広い領域で引用されるようになってきた。現代社会は，核家族化や少子化により，成長過程において他人(ひと)との交流が希薄になり，意思疎通のための基本的コミュニケーションに困難を生じる成人が増加しているといわれている。ラポールは，とりわけ，話し合い，交渉や営業などで，相手の了解，承認や信頼を得ることを必要とする人材教育やビジネスの場で注目されている。

(4) 他者理解
1) 聞くことから始まる

　他人を理解することは，先入観にとらわれることなく，目の前の他人の話をきちんと聞くことから始まる。

　意見の食い違い，感情のすれ違いや誤解など人間関係において生ずるトラブルは，コミュニケーション不足にあるといわれて久しい。昨今の青年は，受身的・受動的で，主体的に人と関わろうとしなくなったという声を耳にすることも少なくない。コミュニケーション・ツールの進歩によって，直接会って話す機会やその必要性が乏しくなっているため，そのような青年が増えているのかもしれない。しかしながら，もしかすると自分と誠実に向き合ってくれる他人がいないので，わざわざ自分から関わろうとはしないのかもしれない。自分の話を，とりあえず，きちんと聞いてくれる他人がいないので，自分からあえて話すこともないと思っているのかもしれないのである。

　他方，一般にはまだまだ，人は「話し合えばわかり合える」と思われている。このように思う人の大方は，積極的・能動的で，主体的に人と関わろうとする人であろう。少なくとも受身的・受動的ではないだろう。だから，コミュニケーション不足が「よろしくない」とするのである。しかしながら，この積極的・能動的で，主体的に人と関わろうとする人のいう「話し合えばわかり合える」の「話し合い」には，往々にして，「正しい自分が，正しくない相手を説得する」という構図が背後に見え隠れする。その場合，「話し合えばわかり合える」は，実は「話せばわかってくれる」であり，それは

「正しい自分が説得すれば，相手も変わるに違いない」という前提に基づくものである。確かにそれで丸く収まることも多々あるのかもしれない。しかし，これは話し手に徹すること，つまり，自分にとって楽で好ましいことをして存在感を与えるという一方向的なコミュニケーションを行なうことに過ぎないのである。それでは互いに「わかり合える」どころか，相手に「この人とはコミュニケーションは不可能だ」ということがわかられてしまうだけではないだろうか。

　現代社会は，きちんと聞いてくれる他人(ひと)がいないので話すこともないと思っている人と，正しい自分が説得すれば相手も変わると思っている人といった両極にいる人が増えているのかもしれない。

　人は，そうは簡単には変わらない。

　ましてや自分の話を聞いてもくれない他人(ひと)の言うことなどまともに聞くはずもなく，その他人(ひと)によって何かが変わることなどあろうはずがないのである。他人(ひと)の話をきちんと聞くからこそ，自分の話も聞いてもらえるのである。たとえどんなに自分が正しいことを話したとしても，他人(ひと)に聞く耳を持ってもらえなければ受け入れられることは難しいのである。

　リスニングでは，話し手のことを「わかる」ために，まずは一生懸命に話を聞く。そういう意味では一方向的なコミュニケーションといえるかもしれない。しかし，この一方向的なコミュニケーションは，労力を要し，時間を費やし，簡単なことでも楽なことでもない。それが，楽で自分の好きなことをして存在感を与えるという一方向的なコミュニケーションと全く異なることは，話し手に，即座に，そして明瞭に伝

わるのである。

2)「わかる」ということ

　話し手のことを「わかる」とは，一体どういうことなのだろうか。

　「わかる」という言葉は，「モノを知覚すること（認識）」という意味から，「コトの善し悪しを判断すること（価値判断）」という意味まで広い範囲で使われている。それぞれの文脈(コンテキスト)に応じて，「感じる，認める，知る，できる，解く，悟る，諦める」など多義的な意味を持っている。

　ここでは，「わかる」ということを「分ける」と「結びつける」という二つの意味として捉えてみよう。

　まず，「わかる」とは「分ける」ことである。たとえば，「ビーカーの中の液体は何か」と問われるとする。色は，臭いは，味は…と調べて，「これは水である」という回答が出る。もし，色が付いている，臭いが強い，粘り気があるなどの特徴がみられたならば，リトマス紙の反応を見たり，加熱したりするなどのテストを重ねて，その液体の正体にたどりつく。科学的理解の基本となる因果分析も，変化する現れを時間の軸を設けてその前後に振り分けて整理していくわかり方である。このように，「わかる」とは，自分の中の既存の分類の引き出しに，問題となる対象を，「分けて収めていくこと」，なのである。

　次に，「わかる」とは，そうして分けられたものを「結びつける」ことである。たとえば，医者は患者に対して，患者が訴える様々な症状や病歴に加えて，医者が自分の感覚（視

診，聴診，触診，打診など）や道具（体温，血圧，心電図計など）を用いて得た情報を結びつけ，原因を推定（症候論的診断）し，その推定に基づいた検査（生検，内視鏡，超音波など）を行ない，器質的異常や病変を確認（病理学的診断）し，病名をつけている。つまり，病気が「わかる」のである。「結びつける」仕方を間違うと誤診となり，たとえ正しい診断がなされても，病気と患者の病状を結びつけた治療法がとられなければ病気は治らない。

　もし，従来の「結びつける」仕方では既存の分類の引き出しに分けて収めることができないときは，従来の「結びつける」仕方を吟味し，新しい「結びつける」仕方を着想しなければならない。そういうことが新しい発見や革新を導くことになる。「結びつける」は，「わかる」の要であり，「結びつける」と「わかる」の間の往復運動を繰り返すことによって，「わかる」ことが着実に増えていくのである。

　しかしながら，脳の仕組みの謎が次第に「わかる」ようになってきた今日に至っても，人間世界の出来事には依然として「わからない」ことが多い。人の欲求，感情，思考，認知，行動のメカニズムやパターンについて，かなり確度の高い知識が蓄積されてきたにもかかわらず，「わからない」という理由で傷つけ，殺し合うという事件や戦争が起こっているのが人間世界の現実なのである。

3)「わからない」ということ

　まず，日常的意味の「わかる」と「わからない」について考えてみよう。

人は一般に，日常生活において接するものについては何でもわかったつもりで暮らしている。わかっていないこともあるかもしれないが，そんなことは意識の周辺に押しやって，それをいちいち気にすることはない。そこで「わかる」とするのは，自分にとって身近で，よく経験していることで，既存の分類の引き出しに分けて収めることが可能なことである。他方，「わからない」とするのは，自分にとって縁遠いことで，あまり経験していないことである。しかし，人は初めて経験することでも，「わかる」あるいは「わからない」とすることがある。「わかる」とする場合は，初めて経験することではあるが，以前に経験したこととよく似ている，あるいは同質であると認識した場合である。「わからない」とする場合は，以前に経験したこととあまり似ていない，あるいは異質であると認識した場合である。

　では，リスニングにおいてはどうだろう。

　聞き手が話し手を理解しようとするとき，「わかる」と「わからない」については日常的意味とは異なる次元で捉える必要がある。つまり，聞き手が以前に話し手と同じような経験をしたか否かというのは，あくまでも聞き手の思い，あるいは思い込みに過ぎない。たとえ聞き手にはよく似ている，あるいは同質であると思えたとしても，話し手の経験と全く同じ意味を持つとは限らないのである。

　ここのところは，聞き手がしっかりとわかっていなければならない重要なポイントである。

　聞き手は，話し手が話したことが何よりも優先されるという意識を保っていなければならない。

そのためには，以下の三点に気をつけておくとよい。

- すぐに簡単にわかってしまわない。
- 何が「わかる」のか，何が「わからない」のかを区別する。
- わかったつもりにならない。

「わからない」というのは，高度な認識である。「わからない」「不思議」「何かあるに違いない」といった"感覚（sense）"は，理解能力が乏しい人には生じないからである。「わからない」「不思議な」「何か」が「わかる」とき，新しい視野が開かれる。そこで，他人への理解は一層深まるのである。

「わからない」という感覚を保持することは簡単なことではない。ときには辛いと思うことさえあるかもしれない。カウンセラーであれば，この「わからない」という情態に居続けられる能力があるか否かが専門家として問われるところである。

他人の話を聞くのは，早く事実，理由や原因にたどりついて問題などを片付けてしまうためではない。リスニングは他人の話を聞こうと努力する過程である。「わからない」から「わかる」に至る過程が最も重要なのである。そして，それらは一連の話のなかで幾度も繰り返されるのが常なのである。

また，援助職従事者であるならば，"防衛機制（defense mechanism）"（p.75「(2) 防衛機制」参照）についての概要

は知っておくべきであろう。「わからない」情態になる場合，話し手と聞き手のいずれか，あるいは両者に防衛機制が生じている場合がある。防衛機制は，話し手の言葉遣い，話の流れや言い淀みなどの言語面と，声の調子，表情，態度，服装などの非言語面において一致がないと聞き手が気づいたとき，話し手に生じている。他方，聞き手が無意識に期待する方向に話し手の話が進まないときなどに，聞き手の内面に生じていることがある。たとえば，一生懸命聞いているのに，これだけ聞いたらわかっていいはずなのに「なぜか，わからない」というような場合である。このような場合，防衛機制が聞き手の内面に無意識に作用し，「わからない」ようにしていることがある。従って，聞き手が話し手の「わからない」ところが「わかる」に至るためには，話し手と聞き手の両者に生ずる可能性がある防衛機制を正確に把握できなければならないのである。つまり，他者理解は，他人の話をきちんと聞くことから始まるとしたが，それは聞き手の自己理解がすでに十分に，もしくは，リスニングが可能な程度はできているという前提の上で，ということになろう。

　さらに，先にあげた三点のうち，「わかったつもりにならない」ということについて，少し付け加えておかなければならないことがある。「わかる」と「わからない」は相反するのでわかりやすいが，「わかったつもり」は，実は，単純に「わかっている」とも「わかっていない」ともいえないのである。快不快，美醜，善悪などといった価値判断に関わる領域においては，「わかる」という基準の幅を緩やかに設定しておく必要がある。「これが正しいわかり方だ」と一義的

な基準を置いてしまうと，却って「わかる」ことを妨害してしまうこともある。人の相互理解は，勘違い，思い違い，誤解や間違いさえも含んで成り立っていることが往々にしてあり，単純ではないからである。

「分ける」と「結びつける」は，「わかる」ための欠かせない手続きである。しかしその前に，「わからないことは何か」「なぜそれがわかりたいのか」がわかっていなければ「わかる」には至らない。そもそも「わかる」必要も生じないはずである。他人(ひと)の話をきちんと聞き，その上で自分の内に生じる問題点を見据えることが「わかる」ための要件なのである。

2 自己理解の促進

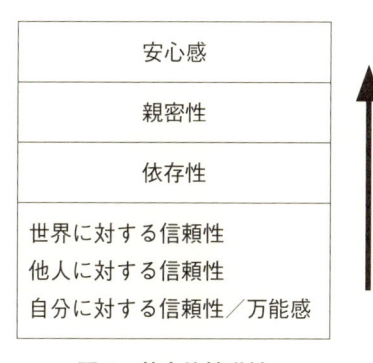

(1) 基本的情動性の理解

基本的情動性（図1）とは，感情，情緒や生理的なものにも影響を与えるような基本的な心の要素である。基本的情動性の問題は，人の心の底の暗い領域にはたらいているもので

安心感
親密性
依存性
世界に対する信頼性 他人に対する信頼性 自分に対する信頼性／万能感

図1 基本的情動性

あり，知的に理解するだけでは真の意味で理解したとはいえないものである（鑪，1991）。

援助職従事者は，他人の役に立ちたい，他人を助けたい，他人を理解したいと思っている人々だろう。

では，なぜそのように思うのだろう。

対人援助職を志す人からよく聞かれるのは，「怪我をしたとき，理学療法士さんに随分お世話になった」「入院したときに看護師さんに親切にしてもらった」「自閉症の弟がいる」「担任の先生が親身になって自分の進路を考えてくれた」など，自分の個人的体験が進路のきっかけとなったという理由である。しかし，類似の体験をした人が誰でも対人援助職を目指すわけではない。なぜ，ある個人的体験によってそのように思ったり，頑張って勉強したりできるのだろう。今までそんなことを考えたことはなかったという人も多いだろう。そこまで自分を理解することもなく，また，理解する必要もなかったのかもしれない。

援助職従事者は，援助のための専門的知識や技術を身に付けているのは当然だが，それより以前に素朴な自己点検が必要とされるのである。たとえば，「私は，被援助者の役に立っているのだろうか」「私は，被援助者を援助できているのだろうか」「私は，被援助者を理解できているのだろうか」などについてである。

対人援助職においては，他者理解は仕事上避けて通れない課題である。しかし，他者理解よりも前に自分自身を正しく理解しておく必要がある。まず自分自身を理解し，次に他人を理解するというのが正しい順番である。援助職従事者が被

援助者と適切な援助的関係が築けるか否かは、自己理解にかかっているといっても過言ではない。

以下では、正しい自己理解のために、臨床心理学、生涯発達心理学や精神分析の知見も加え、基本的情動性について詳しく述べる。

1) 信頼性

"信頼性（reliability）"は、対人関係的には接近しようとする方向の基本的情動性である。

米国の発達心理学者のエリクソン（Erikson, E. H.）は、乳児期の心理・社会的要素として"基本的信頼（basic trust）"という概念を提唱した。満1歳頃までの乳児にとっては、母親との関係において基本的信頼を獲得することが大事な発達課題とするものである。基本的信頼は、自分の存在そのものや、自分を取りまく他人(ひと)や世界に対する信頼性を意味し、人格(パーソナリティ)の形成において最も重要な基盤となる。

リスニングの最大の効用は、信頼関係(ラポール)の形成である。

話し手は聞き手を信頼することができなければ、何も話さない、あるいは「今、一番困っていること（聞いて欲しいこと）」を話すことはないのである。

◆ 自分に対する信頼

自分に対する信頼は、人格(パーソナリティ)の根底を支える土台である。

信頼といっても、1歳頃までの乳児は意識的に信頼するという発達の水準(レヴェル)に未だ達してはいない。生理的欲求を満たしてくれ、身辺の世話をしてくれる母親に対する無意識的な

水準にとどまるものである。しかし，そのような面倒も含めて母親は貴重な存在なのである。乳児は，来る日も来る日も面倒を見てくれる母親との関係において，次の水準に繋がる信頼を獲得していくからである。

　ところで，臨床心理学において母親という場合，それは産みの母親，育ての母親，祖母，姉，父親や祖父であってもよく，血縁関係さえも問題にはしていない。エリクソンは，良質な母性的養育関係を通して基本的信頼は獲得されるとしている。母性的養育関係というのは，必ずしも産みの母親である必要はなく，乳児にとって母親的存在であればよいのである。

　乳児は，泣き声で自分の要求を表現しているため，空腹になると泣く。すると，乳児が空腹であることを理解した母親がミルクを与えてくれる。また，乳児はオムツが濡れて気持ち悪いと泣く。すると，乳児のオムツが濡れていることを理解した母親がオムツを替えてくれる。これが，母親的存在の基本的な中身である。

　乳児は自分の要求が満たされれば泣きやむ。乳児の泣き声を分析した研究では，空腹，眠気，甘え，怒りや悲しみといった情況によって，乳児は泣き声の高さや強さなどを変えていることが明らかにされている。母親も，生後3〜4ヵ月も経つと，乳児がなぜ泣いているのか，その声を聞いただけで「はいはい，お腹すいたねえ」「あらあら，オムツ濡れているのかな〜」などと聞き分けられるようになる。乳児は，自分が泣けばミルクが与えられ，オムツが替えられ，いつもすぐに気持ちよくしてもらえるのである。乳児は，ともすればま

るで母親からそのような世話を受けて当然であるかのような態度に見える。しかし，母親にとっては愛おしいとしか思えないそのような態度こそが，乳児が自分自身に対する信頼を獲得している証なのである。

　乳児が「ホォギャーッ」と声をあげ，母親が近寄ると乳児が何か哀れっぽい表情で母親を見つめるとする。大抵の母親は思わず「どうちたの〜」と声をかけてしまうだろう。それでも乳児が泣き続けると「よしよし。抱っこかな〜，抱っこして欲しいのかな〜」と言いながら抱き上げるだろう。「ミルクもオムツも大丈夫なのに，どうしたのかな〜」などと言いながら，そのまま部屋の中をウロウロしたりするかもしれない。抱かれた乳児が周囲を見ているようだと，「なあに？　何を見てるの〜？」と声をかけるかもしれない。乳児がぐずると「だめなの〜？　よしよし」と言って，ベランダや庭に出たりするかもしれない。そこで乳児が泣きやんで機嫌良くなると「あら，お外がよかったの〜」と声をかけるだろう。このように，すべて母親の能動的行為であるにもかかわらず，大方の母親はそうとは思わず乳児の主張に従っていると思っているのである。だが，このようなことの日々の繰り返しが，母親にとっては乳児の要求を推し測る力になっていくのである。乳児は，声を出したり表情を変えたりすれば母親が何かしてくれることが徐々にわかってくるようになり，このような過程(プロセス)で自分自身に対する信頼を育んでいくのである。

　何よりもまず自分自身を信頼できることが，人格(パーソナリティ)の根底にある心理的土台なのである。これは，自分と自分の存在する世界との関係といってもよいだろう。もし，自分自身を信

頼することができなければ，自分の行動に対する自信を持つことができず，自分が行動する理由もわからなくなってしまう。結果として，この世界に自分が存在する意味を見出すことができなくなってしまうのである。

【万能感】

　乳児には，自分以外の他人(ひと)がいるという感覚がない。羊水に浸っていたときのように，世界は自分のために動いているという"万能感 (omnipotence)"に浸っているのである。

　お腹が空いたときは，泣けばミルクがやってきて，オムツが気持ち悪くなったときは，泣けば気持ちよいものに変わる。母親が面倒をみてくれているとは思わず，自分が望めばそうなるものだと思っているのである。

　このように，自分が望めば世界が自分に応答してくれるという万能感は，人格(パーソナリティ)の発達においてなくてはならないものである。

　泣こうが笑おうが反応がないということが繰り返されると，乳児は泣いたり笑ったりすることをやめてしまう。否定的な気分になり，無力感に陥ってしまうからである。乳児にとって反応が返ってくることは，世界を認識すると同時に，有能感が育てられていることでもある。そして，このような積み重ねが，自分はこの世界で何でもできるという万能感を培うのである。

　昨今，高齢者が多数を占めていた自殺者が，40～50代のみならず30代の中堅サラリーマンにまで及んでいる。厳しい経済状況や過酷で陰湿な労働環境などにより，苦労や心労

が重なり，行き詰まって八方ふさがりになってしまうことが多々あるのかもしれない。しかしそのような状況にあっても，自ら死を選ぶようなことは決してあってはならない。なんとかして持ち堪え，生きていかなければいけない。このように，いっそ死んだ方が楽かもしれないと思ってしまうほど辛いときにこそ踏ん張れる力が，身に付いた万能感である。どのような苦境にも耐え忍び，持ち堪え，打ち勝つことができると心底から思える力，それが万能感である。誰よりも自分が自分自身を信じることができる，生きる力の基なのである。

◆ 他人(ひと)に対する信頼

　自分に対する信頼の次に，あるいはほぼ同時に獲得されるのが，他人(ひと)に対する信頼である。

　以下のような生後直後からの母子の日常の営みが，そのような信頼が獲得される過程(プロセス)である。

【コミュニケーションの原初形態】

　発達心理学においては，乳児には言語によるコミュニケーションが始まる以前に，コミュニケーションの原初形態のようなものが存在するとされている。乳児は生後まもなく，母親と対等に"社会的相互交渉"を行なっているとするものである。

　乳児は，泣く，見つめる，笑う，発声するなど母親との関わりを可能にする独特の反応レパートリーを備えている。そして，母親は乳児と接すると，これらの反応レパートリーに

よって無意識に反応を引き出されてしまう。乳児の備える独特の反応レパートリーは，乳児が最も関心のある母親の反応や言葉がけを巧みに引き出すものなのである。

　乳児は雑多な音の中から，母親の声のする方向に顔を向ける。そこには母親の顔がある。乳児は母親の顔をじっと見つめてニッコリ笑う。母親は，そんな乳児が愛らしく思えて，ニッコリ笑い返す。そして同時に「どうちたの～」「ご機嫌でちゅねぇ～」などと声をかける。このとき，母親は乳児に対して本能的に声の調子が高くなり，ゆっくりと，なぜか赤ちゃん言葉で話しかけていることが多い。乳児にとっては，それが何にもまして興味を引かれるものであり，嬉しさのあまり母親の声に合わせて身体をリズミカルに動かしてしまうのである。これは"相互同調性（entrainment）"といわれるものである。乳児には母親と自分の身体を対応させるこのような同調性が備わっており，このようなコミュニケーションの素地能力によってコミュニケーションが発達するとされている。

　乳児は，甘えたいときにはそれ用の声を発する。その声を聞き取った母親は「なあに，抱っこして欲しいの？」と抱き上げる。そして，乳児の満足気な表情を見て「寂しかったの～」「抱っこして欲しかったのね～」と母親自身も乳児の気持ちがわかったことへの満足感を得るのである。このような情緒的なコミュニケーションが繰り返されると，乳児は，緊張や不安が緩和されたり，母親に愛されている「感じ」を持ち始める。母親もまた同時に自分がどれほどわが子を愛おしく思っているかを実感し，「この子には私しかいない」「この

子は私が守らねば」といった母親としての自覚や自信も徐々に育まれていくのである。エリクソンは、このような母子関係が成立している状態を良質な母性的養育関係とし、そこで基本的信頼は獲得されるとしているのである。

【ターン・テイキング】

互いに関わり合っている二人の人が、相手から次々と発信される多くの信号を、相手とスムーズに交換し進行するためには、相手が示す信号に細心の注意を払わなければならない。相手から信号が示されているときは受け手となり、それが終了したら送り手となってタイミングよく信号を送っていかねばならないのである。このように、コミュニケーションにおいて交互に信号を送り合うことを"ターン・テイキング (turn-taking／話者交代)"という。

ターン・テイキングは相互交渉の原型とされ、出生直後から存在するといわれている。

それは、授乳時において見られる母と子の光景にある（図2）。母親は、乳児の吸啜-休止のリズムに合わせて授乳しているのである。乳児の吸啜時には静かに見守っているが、休止時には哺乳ビンを揺らしたり、頬をつついたり、「眠ったらだめよ〜」「もう少し飲んでね〜」と声をかけるなどして乳児にはたらきかけているのである。

ニホンザルの赤ん坊はお乳を一気に飲むという。いつ外敵に襲われかわからないので、生命維持のためにできるだけ早く飲まなければならないからである。約4,700種とされる哺乳類の中で、お乳を吸っては休むという、吸啜-休止のリズ

図2　ターン・テイキング

ムをとるのは人間の赤ん坊だけなのである。

　人は環境のみならず本能的に複雑なコミュニケーションを発達させる土壌を遺伝子の中に持っているのではないかといわれている。吸啜 − 休止のリズムは単純で規則的であるため，母親が乳児の行動を予期して適切に関わっていくことを容易にする。一方，乳児も吸啜 − 休止のリズムを通して，ターン・テイキングの形式，すなわち，相互交渉の原型を学んでいるのである。生後3ヵ月頃までには，母子間のターン・テイキングは成立するとされている。

　ターン・テイキングは，会話の基本である。

　人が何か話している間は話さないという暗黙のルールである。話すタイミングや間の取り方が上手な人は，ターン・テイキングが身に付いている人である。言語的行動としては，話をする前に「あ〜」「あのお〜」「えーっと」など，話を切り出すための表現が観察される。非言語的行動としては，話

をする前に大きく息を吸う，話そうとして口を開く，咳払いをする，相手に視線を向けて話したい欲求を，ときには盛んに，アピールするなどがある。しかし，大抵の人はごく自然に，それとなくターン（発言権を交替）しながら会話を成立させている。

たとえば，よくある【例5：学生の会話】である。

【例5：学生の会話】

> 女子学生：「おっはよう（元気よく）！」
> 男子学生：「ああ…（少し驚いて）おはようって…。もう夕方だよ」
> 女子学生：「今日は初めて会ったから，『おはよう！』」
> 男子学生：「ふ〜ん。日本語としては，おかしいけど」
> 女子学生：「みんな言ってるわよ」
> 男子学生：「ふ〜ん。…なんか抵抗あるなあ」
> 女子学生：「だから…，もうっ，面倒臭いなあ！」

これはごく日常の何でもない会話である。会話をスムーズにするためには，相手が示す信号に細心の注意を払わなければならないと前述したが，日常的な会話においては，人はそれを全く自然に行なっているのである。

女子学生は，「おはよう！」と言った後に，「はい，次はあなたの番，どうぞ」と男子学生に発言を促してはいない。男子学生も「次，僕が喋っていいの？」と聞いて話し，話し終えたら「はい，どうぞ」と女子学生にバトン・タッチしてい

るわけではない。互いが自然に相手の話の終了を察知して，会話を進行させているのである。

しかしながら，日常的な会話では，他人が話しているのを遮ったり，他人の言葉尻に自分の言葉をかぶせて話し出したりする人に遭遇することもあるかもしれない。このような人は，ターン・テイキングが身に付いていない可能性がある。話している人が話し終わるのを「待つ」という会話の基本は，互いに自然で楽なコミュニケーションには欠かせないことなのである。

【分離不安】

"分離不安（separation anxiety）"は，人見知りとして出現し，母親から離される際に乳児に生じる不安である。乳児は生後5〜6ヵ月頃になると，それまでの"社会的微笑（他人への無差別な微笑）"が消える。知らない人には顔を背けたり，不安な様子を見せたり，声をかけられただけで泣き出すこともある。母親の姿が見えなくなると泣き叫んだり，探しまわったり，トイレまで後追いする光景もよく見られる。これは，この時期に母親と乳児との間に固有のやりとりが確立してきていることの現れである。母親は，出産後からずっと，乳児の不快や不安な情態のときには即座に適切に対応し，乳児が笑ったり嬉しそうな反応を示したときにはタイミングよく肯定的に応答している。この積み重ねにより，乳児は，母親を自分の不快や不安を取り除き，喜びを共有してくれる相手と感じるようになっていく。そこでは，自分がこうすれば相手がこう反応するというように，相手の反応が互い

に予測できる息の合うパターンと、自分が最も信頼し安心してやりとりができる関係が確立されているのである。乳児には、母親とこのような"情動一体的関係"が深まるにつれて、母親以外の他人(ひと)は予測不可能で不安な存在となってしまうのである。従って、人見知りという現象が起こるのである。人見知りは、乳児と母親との関係がいかに密接になっているかという現れなのである。母子間の情動一体的関係の成立は、基本的信頼を確固たるものにし、乳児の言葉の発声の基盤となっていくものである。

【社会的参照の実験】

"社会的参照(social referencing)"の実験(図3)は、乳児が、表情というものが人間関係で重要な信号の役目を果たすことを学んでいることを示したものである。

実験は、市松模様を描いた段差のある立体を作り、上の面に強化ガラスが張った所で行なわれる。床から強化ガラスま

図3 社会的参照の実験

では1メートルほどの高さがある。実際には平面だが，ガラス面の中央になると数十センチの市松模様が透けて見えるため，視覚的には断崖のように見える。

　乳児は，生後6〜8ヵ月頃になると立体的な奥行きが理解できるようになっているため，這って断崖の縁にやってきても，断崖を怖がってそこで止まってしまう。ところが，反対側から母親が「大丈夫よ，こっちにいらっしゃい」と笑顔で呼ぶと，20人の乳児のうち7割以上はガラスの上を這って母親の所まで行くのである。一方，母親が「危ないから来てはだめ」と怖がっている表情を見せて制止すると，17人の乳児は這って行かなかった。

　乳児は「怖いな」「大丈夫かな」「どうしようかな」と心配になったり，不安になったり，迷ったりする局面では，母親の表情を見て自分の行動を判断しているのである。乳児は，母親の表情の中に「してもよいこと」「してはいけないこと」「我慢すること」「勇気を持って挑戦すべきこと」などを見て取り，社会的学習を行なっているのである。

　このように，社会的参照の実験は，乳児がどれくらい母親を信頼しているかがわかる実験なのである。

【模倣を超えた同一視】
　乳児は，1歳頃になると，母親と同じくらい有能になろうとする気持ちから，母親の模倣が顕著となる。
　乳児用のスプーンを放り捨て，母親が使っているスプーンや箸を取り上げ，それで食べようとする。母親の使っているヘア・ブラシで髪をとくような仕草をするなどがそうである。

物と物を関連づけることができるようになってくるため，物を持って机を叩いたり，両手で物を打ちつけたりする。この頃，鍋と蓋を持たせると飽きることなくガチャーンガチャーンと開け閉めをし続けたり，ティッシュ・ペーパーを箱から全部ひっぱり出してしまうことがある。これは，乳児が与えられた玩具よりも，むしろ母親が日常使っているものに非常に関心や興味があり，それを自分も使いこなしてやろうとしていることの表れなのである。

"同一視（identification）"は，後述する防衛機制のひとつであり，自分では実現し得ない欲求を，その欲求を実現し得る他人（ひと）と同一と見たて代理的満足を得ることである。他人（ひと）の特徴，特権や業績などを自分に同一視することで，抑圧している劣等感などを解消し，自分自身の価値を増大する心理的メカニズムである。スポーツ選手や芸能人の熱狂的ファンになったり，有名人と知り合いであることや，一流企業に勤める夫や有名校に通うわが子の自慢話をすることなどがそうである。

しかしながら，児童期の頃の人格（パーソナリティ）の発達においては，超自我の形成という積極的意味を持っている。児童期の頃は，男子は父親に，女子は母親に同一視することによって社会性を身に付けていくからである。

同一視は，他人（ひと）を自分の中に取り入れるので，"取り入れ（introjection）"とも呼ばれる。乳児は最も信頼する母親の行為を日常的に観察し，それらを取り入れることによって多くの行為を習得している。やがて，乳児は行為への理解を深めていき，それを行なった母親が目の前に存在しなくとも，

その行為を思い起こすことができるようになる[2]。たとえば、母親が掃除機をかけていたときに宅配便が届き、母親が玄関に行ってしまったとする。すると母親が宅配便の人から荷物を受け取っている間に、乳児は、さきほどまで母親がそうしていたように掃除機を持ってあたかも使っているような行為をするのである。このように模倣は、乳児にその行為を可能にする能力が備わっていることを示すものであり、他人(ひと)の認識の発達や生活経験と密接に結びつくものであることがわかる。

さらに、人は成人に至るまでの間に、他人(ひと)に正しく理解されるような情緒表現を学習していくとされている。それは様々な経験を通して習得されるが、最初の模範となるのは最初に信頼できる人となった母親であり、まず母親との関係において身に付けていくのである。

◆ 世界に対する信頼

エリクソンは、1歳頃までの乳児にとって、基本的信頼という土台作りがいかに重要かを指摘している。信頼という土台の上に、後述する基本的情動性を一つずつ積み上げていかなければならないからである。従って、この土台が揺るぎない確固たるものでなければ、その上にどんどん積み上げていくと、曲がったり歪んだりして不安定なものになってしまう。そのような状態で、さらに積み続けるとバランスを崩し、最悪の場合は倒壊してしまうかもしれない。しかもこの

---

[2] 延滞模倣（delayed imitation）。模倣対象の反応提示から一定時間経過後、対象が眼前に存在しないところで生じる模倣行動。

土台作りは,具体的には母親が乳児にミルクを与えたり,オシメを替えたり,あやしたり,抱っこしたり,話しかけたりする日常の営みの積み重ねのなかでしか成されないものなのである。

　母親が大変な労力と時間を費やした約1年間で乳児が獲得した基本的信頼は,母親から家族,ひいては自分が存在する世界全体に対する信頼へと拡がるものであり,人格(パーソナリティ)の基盤となるものである。そして,人格(パーソナリティ)は,いうまでもなく,その人のコミュニケーションのありように直結するものである。

【安全基地】

　これまで述べてきたように,乳児が最初にとり結ぶ関係は"母子関係(mother-child relationship)"である。

　母子関係が安定すると,乳児にとって母親は"安全基地(secure base)"となる。発達心理学者エインスワース(Ainsworth, M.)は,母子の信頼関係によって育まれる安全基地の存在があってこそ,子どもは外の世界を探索できるのだとしている。

　歩き始めたばかりの頃の乳児は,おぼつかない足取りでヨチヨチと数歩進む。そして振り向いて後方に立って自分を見ている母親を見る。母親は乳児に向かってうなずいたり,ニッコリ笑ったりする。乳児はそのような母親を見て確かめたら,またヨチヨチと数歩進む。そして,不安になったときにはすぐさま振り返り,後方にいる母親のところに戻って抱きつく。これで,ホッとひと安心する。このようなことを何度も何度も繰り返し,乳児は確実に歩みを進め,遂には一人で

歩き回るようになるのである。このように，乳児にとっては，母親が安全基地そのものなのである。

　しかし，安全基地は，成長するにつれて自分自身の心の中に移行し始める。少し段差のある所を降りるとき，いつも母親に「トーンしてごらん」と励まされ，「トーン」という母親の声と同時に飛び降りていた幼児は，一人でも「トーン」と自分にかけ声をかけて飛び降りる。大きな犬と遭遇したとき，いつも母親に「怖くないよ，大丈夫，大丈夫」と言ってもらっていた幼児は，一人で大きな犬と遭遇したとき「こ・くないよお，だーじょーぶ，だーじょーぶ」と自分に言い聞かせて通り過ぎようとする。たとえ成人しても，生まれて初めてのことに挑戦するとき，新しい仕事に取り組まねばならなくなったとき，失敗が許されない緊張した状況のときなど，「大丈夫，やれる」と自分自身を鼓舞することがあるだろう。人はいくつになっても，自分の心の中に安全基地という支柱があるからこそ，新たなことに次々と挑戦できるのである。

　一方，乳児の不安や恐怖に対し，母親が不適切な反応を繰り返すようなことがあると，乳児は母親にわかってもらうために絶えず母親の注意を引かなければならなくなる。乳児は母親に対して過度に依存的になってしまうのである。それでも母親の不適切な反応が改善されなければ，今度は母親に対して心理的に依存しなくなってしまう。このような情況において，乳児が母親を安全基地と思えるはずがない。安全基地が保証されないということは，乳児の探索的・挑戦的行動を抑制したり消退してしまうことになりかねない。

安全基地が保証されるか否かは，自立と孤立の岐路になり得る。安全基地という支柱がある子どもは徐々に自立していくが，それがない子どもは，孤立しても自立できない。安全基地という支柱を成した母子関係は，子どもが，母親以外の家族，社会へとその関係性を発展させるための要件となっているのである。

　人と人とのコミュニケーションにおいて欠くことのできない信頼性の獲得には，人生の最も早い時期に愛情豊かに育てられ，具体的には手をかけて育てられることが必要不可欠である。満1歳頃までに獲得されるのが望ましいとされているのは，乳児と母親との情緒的なコミュニケーションの積み重ねによって形成されるのが自然だからである。しかしながら，昨今は様々な理由でそれがかなわないこともある。そのような場合でも，後から身に付けることは可能であり，乳児期に成されなかったからといって，もう形成されないということではない。ただ，自然でない分，形成のためのさらなる時間と労力を要することになるのである。

2) 依存性
◆ 頼る運命の人

　信頼は，「信じて」「頼る」と書く。その「頼る」ことが"依存性（dependency）"である。

　依存性は，対人関係的には接近しようとする方向の基本的情動性である。

　生物学者のポルトマン（Portmann, A.）は，"生理的早産

説"を唱えた。牛や馬など哺乳類は，生まれてすぐに立ち上がり，母親の乳房を探して乳を飲み，数分後には走り始める。それに対して，人の赤ん坊は立つことはおろか，寝返りもできず，母親が乳房をあてがってくれなければ飢え死にしてしまう無力で無防備で頼りない存在である。人はいかなる動物よりも未成熟な状態で生まれてくるのである。乳児は生後1年余りを経て，やっと立ち上がれるようになる。ポルトマンは，生後1年間の乳児は，母親の胎内にいるときと同じ様に育てなければならないと指摘したのである。

　依存性は，人が生まれたときからすでに誰かに頼らなければ生命を維持することすらできないということと関係している。乳児は，英語では"infant（話さないもの）""toddler（よちよち歩き）"と呼ばれている。人は，"言語（communication）"も"動作（locomotion）"も未完成で生まれてくるのである。"アヴェロンの野生児"の例[3]が示すように，人は，生まれたときから愛情を伴った世話や教育が施されなければ，人として生きていくことができないのである。人の生活過程，経験過程，学習過程はすべて他人に依存して開始される。いうまでもなく，乳児にとって母親への依存は不可欠であり，依存が満たされることによって心理的安定を得るのである。

───────────

　3) 1799年，パリのアヴェロンの森で発見された，推定12歳，4～5歳の頃捨てられ7～8年は人間の庇護なしに生育したと思われる少年。医師イタール（Itard, J.）が，少年の意図的教育に取り組んだが，最終的には言葉，数語や愛情は理解したが話すことはできなかった。この成果は後の児童・精神遅滞児研究で発達における教育作用として影響を与えた。

◆ 信頼性と依存性

　他人に頼ることは，同時に信頼性を獲得することでもある。他人に頼り，受け入れられるとき，人は他人との間に信頼性を育む。そして，他人を信頼すると同時に，他人によって受け入れられている自分を信頼し始めるのである。信頼性と依存性は分かち難く結びついているのである。

　依存性は，他人への関心や接触，他人からの養護や援助などを求める欲求および行動傾向とされている。その強さや行動様式には個人差があり，年齢や発達段階による変化が大きい。

　一般的に，強い依存性は乳幼児に見られ，次第に独立性を増し，身体的依存から心理的依存へと変化していく。早期の離乳は母親との接触を求める乳児の依存行動を高め，遅い離乳も幼児行動の強化で依存を高めるとされている。過保護・過干渉は依存が強化されやすい原因とされ，母親の期待や社会的刺激が依存行動に影響を与えることが多い。

　依存性の障害は，正常な依存の欠損に由来し，依存の不満足，歪みや失敗などによって起こる。心的対象に対する依存が外的対象への依存に代わると，煙草依存症，アルコール依存症，薬物依存症や摂食障害などを引き起こすことがある。

3) 親密性

　"親密性（intimacy）"は，対人関係的には接近しようとする方向の基本的情動性である。

　両親や同胞といった身近な人との肌と肌との触れ合いをどの程度持っていたかということによって育まれるものであ

る。人間関係においては，依存性と同様に，あるいは依存性を媒介するものとして，身体的な接触や距離的に接近した関係が多く見られる。

　生後2〜3ヵ月頃の乳児は，母親が笑いかけると笑い，母親が笑うのをやめるとやめるようになる。乳児の身体と母親の身体が出会う場では，必ず「能動 - 受動のやりとり」がある。たとえば，「見る - 見られる」「握る - 握られる」「抱く - 抱かれる」などである。身体の同型性や相補性には，人は一人ではなく，関係の中に生まれてくるという意味がある。人は，やがて他人（ひと）との関係を結ぶのではなく，生まれたときから他人（ひと）を予定しているのである。

　親密性は，物理的距離が極めて近い状況のなかで，感覚的で肉体的な体験を通して培われていくものである。決して知的に学習されるものではない。他人（ひと）に対して親しみや安らぎを感じることができるのは親密性が育っている証拠である。信頼性や依存性は，親密性を通して得られる。

【母性的愛撫】

　"母性的愛撫（mothering）"は"皮膚接触（skinship）"に限定されるものではない。視覚（目と目の注視，微笑み）や聴覚（語りかけ）など，他の感覚器官にも訴える接触の仕方を含むものである。乳児に対しては，授乳や身辺の世話は生命維持に不可欠であるが，たんに栄養や身体面の世話だけではなく，情緒面で密度の濃い世話を受けることは，乳児の生得的欲求なのである。

　精神科医スピッツ（Spitz, A.）は，発達初期に母性的愛撫

が欠如すると心身に発達障害が起こると指摘した。スピッツは, 十分な栄養や清潔な衣服が与えられ衛生的・身体的に問題ない監護を受けているのにもかかわらず, 周囲への関心を失い, 虚弱で成長が遅れ, 早死にする乳児が多いことを発見し, "施設病（ホスピタリズム／hospitalism)" と呼んだ。死因は, 乳児が何時間も寝かされたまま放置され, 母性的愛撫（マザーリング）が不足していたことであるとした。乳児期の発達には, 情緒的, 身体的, 社会的刺激が必要であることを説いたのである。

乳児に向かって「ばあ〜」と言ってあやしたり,「抱っこしようか〜」と抱きあげたり,「ちゅきちゅき（好き好き）〜」と頬ずりしたりする母性的愛撫（マザーリング）は, 母親ならばごく自然に行なっていることである。しかしながら, 昨今, 自分の子どもであっても「頬ずりしたいほど可愛いとは思わない」「可愛いどころか憎らしくて見るのも嫌」「一度も可愛いと思ったことがない」という母親もいるといわれている。母性的愛撫（マザーリング）ができない, あるいはしたくないという母親も多数存在するのである。

心理学者ボウルビィ（Bowlby, J.）は, スピッツの "母性剥奪（maternal deprivation)" の研究をもとに, "愛着理論（attachement theory)" の基礎を築いた。また, 母性的愛撫（マザーリング）における身体接触の重要性を指摘したのは, 米国の心理学者ハーロウ（Harlow, F.）の実験[4]である。

---

4) 米国の心理学者であるハーロウが, 生まれたばかりの赤毛ザルを使って行なった代理母の実験。結果, 母親との生理的動因（授乳）よりも身体的接触（attachment）の重要性が示された。

4） 安心感

"安心感（a sense of security）"は，対人関係的には接近しようとする方向の基本的情動性である。

自分が自分自身に安心している情態である。これは，自分に対する信頼，他人(ひと)に対する信頼，世界に対する信頼，さらには未来に対する展望なくしては得られないものである。従って，安心感は，信頼性，依存性，万能感，親密性を土台にして生まれるものである。

5） 敵意と怒り

"敵意（hostility）"と"怒り（anger）"は，対人関係的には，拒否的であったり，他人(ひと)から離れようとしたり，距離を保とうとする方向の基本的情動性である。

敵意と怒りは区別しなければならない。

敵意は，他人(ひと)に対する不満，恨みや羨望などが表面化されないまま，他人(ひと)を認めず否定する感情である。そこでは，防衛機制がはたらいていることが多い。

怒りは，一般的に社会的評価が低く否定されたりすることもあるが，必ずしも悪質であったり，破壊的で否定されるべきものというわけではない。子どもが危険な行動をしようとするときなどに親が思わず怒るのは健全な怒りといえる。また，怒りは単純に自分の求めているものが得られないときにも表現される。乳幼児の場合は，信頼性，依存性や親密性などが得られない場合に，怒りを表し直接的にそれを得ようとする。乳児が，お腹が空き過ぎて，オムツが濡れ過ぎて，あるいは何だか寂し過ぎて，おたけびをあげるように泣いてい

ることがある。大抵の母親は,「はいはい」「わかったわかった」「ごめんごめん」などと言いながら,ミルクを与えたり,オムツを替えたり,抱っこしたりするだろう。このような怒りは欲求不満の表現であり健全で前向きな怒りといえる。

しかしながら,怒りを受け容れるべき側(母親など)が,受け容れられないとき,両者のあいだの信頼性,依存性や親密性などは失われてしまう。ここに,怒りの情動の難しさがある。

怒りは,しばしば援助職従事者に向けられることがある。被援助者が怒りを表したとき,援助職従事者には「怖い」「恐ろしい」といった感情が生じるかもしれない。「何で怒られなければいけないのか」と被援助者の怒りに対する援助職従事者の怒りが生じるかもしれない。また,被援助者には,自身の怒りやそれに対する援助職従事者の怒りに対して強い防衛反応が生じるかもしれない。具体的には,表情が凍りつく,呆然とする,泣きそうになる,怒鳴りたくなる,じっと耐える,その場から立ち去るなど状況から逃げ出すこともある。また,対人援助においては,怒りよりも敵意の方が取り扱いは難しいとされている。

援助職従事者は,被援助者が敵意や怒りを表したとき,それらの背後にある防衛機制などについて,ある程度は捉えられることが望ましい。また,被援助者から向けられる敵意や怒りへの対応策をいくつか持っておく必要があると思われる。

6) 恐れと不安

"恐れ(fear)"と"不安(anxiety)"は,対人関係的には

他人から離れようとしたり距離を保とうとする方向の基本的情動性である。

　恐れや不安は，その人にとって受け入れられない事態を示していることが多い。

　恐れは，ある焦点化された場面や対象に示される個別的なものである。

　それに対して，不安は，内的対象のない漠然としたものである。成人期以降は，生への不安として現れることが多い。

　被援助者の中には，信頼性，依存性や親密性が欠如していたり脅かされている人が存在する。そのような被援助者には慎重に対応しなければならない。それは被援助者のみならず援助職従事者を守るためである。なぜならば，被援助者の恐れや不安が，援助職従事者の内面に同様の恐れや不安を呼び覚ますことがあるからである。援助職従事者は支持的態度で臨むか，援助職従事者自身が恐れや不安を感じてしまった場合は，速やかに退き，同僚と交替してもらうのが望ましい。

7）羨ましがりと嫉妬

　"羨ましがり（envy）"と"嫉妬（jealousy）"は，対人関係的には，拒否的であったり，他人から離れようとしたり，距離を保とうとする方向の基本的情動性である。

　他人への羨ましがりは，他人と自分との比較，比較による自分自身に対する劣等感，劣等感に対する防衛機制として現れる。これは，嫉妬を土台にしたものが多い。

　嫉妬は"うぬぼれ（vanity）"と関連している。"自尊心（プライド／pride）"は，自分の尊厳を意識し主張して，他

人の干渉を受けずに品位を保とうとする心理や態度をいう。それに対して,うぬぼれは,全く根拠のない自信や虚栄心である。自尊心とは異なり,他人に褒めてもらいたい,認めてもらいたいという気持ちが強く,自分が自分自身をどうみているかと他人が自分自身をどうみているかとのあいだにズレがある。そして,他人の自分自身に対する評価が自分の自分自身に対する評価よりも低いとき,怒りや不安が生じるのである。その反応として,他人に対する羨ましがりや嫉妬が起こる。具体的には,すねたり,ひねくれたり,ひがんだりする。防衛機制としては,他人に皮肉や嫌みを言ったり,自己卑下を表す。そして,それらを抑えようとすると抑鬱感が生じてしまう。つまり,嫉妬は,非常に対人関係的なものであり,常に自分自身と他人との比較にあけくれるものである。自分自身と他人とを比べて,自分は上なのか下なのかを気にするのである。自分自身を評価する基準となるものが,自分ではなく他人なのである。これが高じてくると,「他人が自分を見ている気がする」「他人が自分の生活を観察している」「他人が自分に命令する」といった被害気分,被害念慮や被害妄想に発展することもある。

　他人との関係に常に気を配りながら生活する文化の中では,他人との距離の取り方が上手くいかないと不安が生じたり,それによって様々な症状が表れることがある。赤面恐怖症,視線恐怖症や対人恐怖症は日本人に多いといわれている。

(2) 防衛機制　―自分との折り合いをつけること―

　人は誰しも,困難な状況や環境に置かれた場合,"欲求不

満（frustration）"や"葛藤（conflict）"の状態に陥る。それは、ある意味では正常な反応である。

　たとえば、親や教師、友人や恋人などその人にとって"重要な他者"から誤解されたり、軽蔑されたり、非難されたりしたときである。家族や恋人から愛されてないと感じたり、信頼していた人に裏切られたり、進学、就職、昇進や結婚などの希望がかなわなかったときである。また、回復不能の重度の身体障害を負ったとき、不治の病に罹患したとき、災害や事故で家族や家を失ったときである。さらに、虐待、暴行、差別や迫害を受けたり、犯罪や戦争に巻き込まれたときである。このような局面に置かれたならば、大方の人は多かれ少なかれ欲求不満や葛藤が生じるのである。

　オーストリアの精神科医フロイト（Freud, S.）は、予知される破局から免れるために現実を歪曲するなど、無意識的にとられる心理的メカニズムを"防衛機制（defense mechanism）"とした。人は肉体的のみならず心理的にも傷つくことを怖れ、その怖れを感じたらなんとか避けようとする。欲求不満や葛藤の状態に陥った場合は、合理的に解決しようと行動するのである。しかし、それらが上手くいかなかった場合は、防衛機制がはたらくのである。

　そもそも、人は"欲求（need）"を持つ存在であるといわれる。欲求とは、何かを欲しがり求めることであり、行動に駆りたてる意識的・無意識的な内的動因一般を指す。欲求は、一次的欲求と二次的欲求に分けられる。一次的欲求は、空腹、睡眠や性欲など生命の維持や種の保存のために、身体的・生理的に必要不可欠のものを求めるものである。二次的

欲求は，貨幣，地位や名誉など学習や経験によって獲得されるものであり，社会的基準に合致した役割や行動に基づくものである。

欲求不満とは，欲求の実現が全面的あるいは部分的に阻害されて生じる心的状態である。人は欲求に基づく様々な行動をとるが，その行動によって欲求が常に満たされるとは限らない。むしろ何らかの妨害にあって思いどおりにいかないことの方が多い。このように，人がある欲求によって活動しても，内的条件や外的条件が互いに絡み合ったり妨害して，延期させられたり目標が達成できなかったりすることがある。内的条件とは身体的条件や心理的条件であり，外的条件とは経済的条件や社会的条件である。

たとえば，事務員として働いていた男性が一念発起して看護師になろうと決意するとしよう。看護専門学校を探していた矢先に病気に罹ったり，事故で怪我をして実現が困難になってしまう場合がある。また，机上学習は問題ないがコミュニケーションが苦手で病棟実習に自信がない場合や，学力が伴わないにもかかわらず難関な大学への進学を希望している場合などがある。さらに，両親からの金銭的援助が期待できない場合や，性別や国籍のために就職が難しい場合などもある。人は，このような苦難が生じたり，困難がいくつか重なったりすると欲求不満に陥りやすくなってしまうのである。

葛藤とは，欲求が二つ以上あり，そのうちの一つを必ず選択しなければならないとき，一つの欲求を満足させると他の欲求の満足を妨害するため，その選択に悩むことである。

レヴィン（Lewin, K.）は，人の人格（パーソナリティ）や欲求と環境の相互

作用重視し，生活空間全体から行動を分析しようとした。

レヴィンは，以下の4つのタイプの葛藤をあげている（図4）。

第1は，"接近-接近型コンフリクト"である。これは，二つの相等しい望ましい誘因（＋）に挟まれて，一方を選択しなければならない場合に生じる。大抵の場合，悩みながら選択していくが，どちらの選択をしても後悔することがある。たとえば，「Aさん（＋）」と「Bさん（＋）」という二人の好みの異性から同じ日の同じ時間にデートに誘われたとする。どちらかのデートを断らねばならない事態である。そのとき，AさんとデートしたとするとＩＢさんとデートしたらどうだっただろう」と少し後悔し，Bさんとデートしたとすると「Aさんとデートしたらどうだっただろう」と少し後悔してしまうようなことが起こるのである。

第2は，"回避-回避型コンフリクト"である。これは，

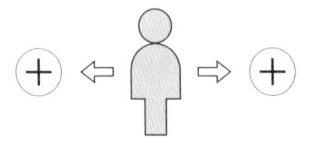

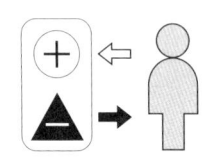

接近-接近コンフリクト　　　接近-回避コンフリクト

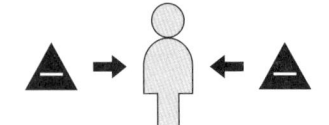

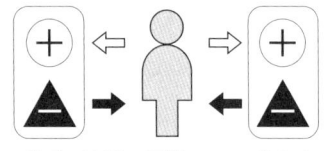

回避-回避コンフリクト　　　ダブル接近-回避コンフリクト

図4　コンフリクトの四つのパターン

どちらも避けたい誘因（−）に挟まれて，一方を選択しなければならない場合に生じる。大抵の場合，どちらかを無理してでも選択する。たとえば，「試験勉強するのは嫌（−）」だが，「単位を落として落第するのも嫌（−）」だというような場合である。落第したくないので試験勉強をするのである。

　第3は，"接近‐回避型コンフリクト"である。これは，一つの誘因の中に望ましい誘因（＋）と避けたい誘因（−）の両方が同等の強さではたらく場合に生じる。たとえば，ケーキ・バイキングの食べ放題に誘われたとする。「あの店のケーキは美味しいから3時間で1,500円はお得よね」と友人らと盛り上がる。「でも最近体重が増えたのに，もっと太ってしまうのではないかしら。どうしよう〜」というような，「ケーキ」は「好き（＋）」だけれど，「太るから嫌（−）」という場合である。大抵の場合，「まあ，一日くらいいいか」と食べてしまうのである。

　第4は，"ダブル接近‐回避コンフリクト"である。一般に，人が経験するコンフリクトは単純なものではなく，"接近‐回避コンフリクト"が重なったものが多い。たとえば，Aブランドのスーツは，「値段が安い（＋）」が「デザインが今ひとつ気に入らない（−）」。Bブランドのスーツは，「デザインは好き（＋）」だが「値段が高い（−）」。だから，なかなか決められないといった場合である。

　人は欲求不満や葛藤に陥った場合，それらが未解決のまま長引いたりすると情動面に混乱が起こることもある。不快，怒り，不安や苦悶などを引き起こし，不適応や，深刻な場合は適応障害になることもある。しかし，そもそも人は絶えず

様々な欲求不満や葛藤を体験しながら何らかの妥協点を見いだして解決し乗り越えていくものである。そのようななかで人格(パーソナリティ)は発達していくのである。従って，人が社会に適応していくなかで，ある程度の欲求不満や葛藤は不可欠とされている。

フロイトは，人の心理的活動には"意識（conscious）"と"意識下（subconscious）"があり，さらに意識下には"前意識（preconscious）"と"無意識（unconscious）"があると考えた。また，心理的構造としては，"イド（id）""自我（ego）""超自我（superego）"の三領域を仮定した。イドは無意識で決して意識されることはない。"快楽原理（pleasure principle）"に従い，社会規範と関係なく常に快を追求する。超自我は，自我が形成されたのち，"理想原理（ideal principle）"に従い，両親の躾や社会の価値体系を内在化し形成される。自我は主として意識的で，外界に働きかけ社会に適応しようとする。心理的現象は，イドの促進的エネルギーと自我や超自我の抑制的エネルギーの相互作用によって生じるとされている。自我の発達に伴い，イドは，外界を認知する自我の"現実原理（reality principle）"や，理想的な姿を求める超自我の理想原理の影響を受ける。つまり，自我は，超自我の要請を受けながら，他方ではイドの衝動を抑圧したり，形を変えて最大限認めるよう両者の調整をしているのである。

防衛機制は，不適応や自我の崩壊を避けるために自我が試みるものである。

代表的なものとして以下のようなものがあげられる。

"抑圧（repression）"は，最も基本的な防衛機制とされている。心的エネルギーをそのまま発散させると，自我が不安や破局を起こす恐れがあるような衝動や，それに結びつく観念や感情を無意識のなかに押し込めるはたらきをする。社会的，道徳的に許されないようなことは抑圧されやすい。たとえば，子どもの頃に魔がさしてやってしまった万引きなどの不快な記憶や，同僚を押しのけてでも出世したいといった他人に知られたくない欲望，両親に対する秘めた憎悪などである。不安を起こさせるような衝動や観念，自分にとっては不都合な欲求や感情を，意識上に現れないよう抑えつけて排除し心理的安定を得ようとするのである。成功すれば不安は解消し，一時的に心理的安定を得ることができるが，完全に解消されることはない。また，過度に行なわれると自我機能を妨げ，積極的な適応機能が妨害される。抑圧が意識的に行なわれる場合は，"抑制"や"禁止"として抑圧とは区別される。

　抑圧された衝動や感情はもつれ合って"コンプレックス（complex）"を形成する。コンプレックスという言葉は，日常的には「コンプレックスがない人」「あの人はマザコン（マザー・コンプレックス）だ」などと人の性格特徴として用いられることが多いが，本来は精神分析用語である。コンプレックスとは，一定の感情を核にした無意識の観念や記憶の集合体を指す。苦痛や羞恥などは受け入れ難い感情であるため，抑圧され無意識に止められている。意識化するためには，嫌悪感，恐怖感，無力感や罪悪感などを伴うため容易ではない。コンプレックスをコントロールできない場合は，思考，行動や感情など現実生活に様々な影響を及ぼし，不適応

行動や神経症症状を形成することもある。

 "逃避（escape）"は，抑圧の次に用いられる防衛機制とされている。傷つくことを避けるため，不快や緊張を生じる場面から逃げることによって消極的に安定を求める確実な方法とされている。物理的に危険な状況を回避して接触しないようにする退避，非現実の世界へ逃げ込む空想への逃避（白昼夢），困難な場面を避けて他の容易な行動へ没頭する現実逃避，病気になることによって困難な場面を避ける疾病逃避などがある。具体的には，人間関係の失敗を恐れて人の輪のなかに入らない，やるべき仕事などをせずに賭け事に凝ったり酒に溺れたりする，学校へ行きたくない子どもが朝になると腹痛になるなどがある。

 "投影（projection）"は，自分の欲求，感情や不安の原因を認めることができないとき，他人のなかにそれがあるように考えて，責任を免れたり不安を和らげようとする防衛機制である。抑圧された欲望や性質を他人のものと見なすのである。たとえば，自分が敵意を持つ他人に対しては相手が自分を脅かす，自分が嫌っている他人に対しては相手が自分を嫌っていると思うのである。自分の子どもを好きになれない母親は「子どもが私を嫌っている」と思っていることがある。他者非難や被害妄想は投影に依るところが大きく，人間関係においては不信や緊張を発展させる。

 "反動形成（reaction formation）"は，抑圧されている衝動や感情が行動化されるのを防ぐため，それと正反対のものに置き替えて隠そうとする防衛機制である。他人に知られたくない感情や欲求，幼児的あるいは攻撃的傾向や性欲など

を，正反対の行動によって覆ってしまうのである。たとえば，嫌いな人への攻撃性を抑圧しているときは，極端に親切にふるまったり，猫なで声でお世辞を言ったりする。「いえいえ私など，とてもとても…」と控え目な態度を見せながら，心の中では「負けるものか」と烈しい競争心が秘められていたりするのである。子どもに対する無意識の憎悪が過度の甘やかしになったりすることもある。本心を隠す仮面の意味を持ち，大げさなことと強迫性を特徴とするため，過度になると強迫神経症症状と結びつくことがある。

"攻撃性（aggression）"は，自分にとって脅威や不利になる対象や目標を直接的に圧倒する防衛機制である。主張が違ったりする場合に建設的に話し合うのではなく，争ったり，暴力をふるったり，いじめのように集中攻撃をしたり，殺傷する場合もある。

"退行（regression）"は，適応困難や欲求不満に陥ったとき，心理的に幼稚な段階に退却して困難を避けようとする防衛機制である。早期の発達途上でよく観られるのは，同胞が出生したときに，おもらし，おねしょや指しゃぶりが戻ったり，お乳をねだるような現象である。成人の場合でも，状況が不利になったとき忍耐力や抑制力を失くして，泣いたり，大声で騒いだり，甘えたりする他，飲食，依頼心や攻撃として現れることがある。

"合理化（rationalization）"は，自分の失敗を認めると不安や破局に陥るような場合，責任を他人(ひと)に転嫁したり，都合のよい理由をつけて自分を正当化しようとする防衛機制である。自分が買えないような高価なものに対して「あんな高い

ものを買う人は馬鹿だ」と思ったり，試験の成績が悪かったことを「問題が難し過ぎたからだ」とするなど自己弁護として使われる。リハビリ訓練をしようとしない被援助者が，「やる気はあるけど，却って身体によくない気がする」「多少良くなっても，こんな身体では，どうせ社会が受け入れてくれない」と言い訳する場合などがそうである。

"補償（compensation）"は，劣等感情を隠すために，自分の望ましい特性を強調することによって優越感情に変えて安定感を保とうとする防衛機制である。ある面で能力が発揮できないことを他の面でその満足感を得ようとするので，望ましい場合もあるが，極端な場合は反社会的行動（antisocoal behavior）[5]になることもある。たとえば，運動能力に障害がある子どもが音楽では才能を発揮する。容姿に自信のない男性が仕事で一目おかれるようになるなどである。学業成績で目立たない子どもが非行に走ったり，オートバイや車で暴走行為を行なうことで人目を引こうとすることといった場合もある。

"昇華（sublimation）"は，攻撃性や性欲などを直接に充足せず，スポーツや芸術活動など社会的に承認される文化的価値に向けて実現していこうとする防衛機制である。

この他にも様々な防衛機制がある。

防衛機制は，"適応機制（adjustment mechanism）"ともされ，誰にでも使われるものであり，必ずしも消極的で異常なはたらきとは限らない。状況に応じて適度に柔軟に使うこ

---

[5] 文化・社会・集団が期待する基準・道徳・規範に対する意図的な反抗・攻撃・無視などの行動。

とができる人は適応的な自我の持ち主であり，積極的な意味がある場合もある。しかしながら，多くの場合，問題を現実的に解決する代わりに，否定したり回避したりするため，不安は解消しても不安の原因は解決しない非合理的な方法となってしまう。新たな不安が生じてより極端な防衛機制が必要になることもある。防衛機制に心的エネルギーを注ぐほど，現実的活動に向けられる心的エネルギーは減少する。従って，自我の健全な発達のためには，好ましくない防衛機制を認識し，現実を直視し，問題解決に向かうことが望ましいとされている。

人は，社会と関わり他人(ひと)と関わりながら生きている。従って，そこで自分の身にふりかかる様々なことについては，妥協したり，解決したり，挫折したり，乗り越えたりして，何とかやり過ごしている。社会や他人と「自分との折り合い(ひと)をつける」のである。

西洋人に「easy-going（気楽にやる）」ということが好まれるのに対して，日本人には「頑張る」ことが好まれる傾向があるように思われる。もちろん，「頑張る」ことは悪いことではない。好きなだけ，気が済むまで，あるいは限界まで「頑張る」ことも，自分にとって大切なときや必要なときはあるだろう。しかし，妥協したくない，挫折したくないなどと「頑な」になればなるほど，防衛機制が過剰に必要になることが多い。

対人援助の仕事においては，あるときは妥協や挫折も受け入れ，頑張らないときがあってもいいという柔軟性や弾力性が求められる。「自分との折り合いをつける」ことが上手

な人は、他人に対しても、緩やかでしなやかな対応が上手な人に違いないからである。

3 対話的関係の確立

(1) お互い的コミュニケーション

リスニングが行なわれている場は、話し手と聞き手が"お互い的 (intersubjective)"にはたらき合う場であり、すなわち、お互い的コミュニケーションが行なわれている場である。

「お互い的（相互的）」とは、二人以上の異なる人々に通用し、正しいと理解されることをいう。話し手と聞き手との間に生じるものは、話し手から聞き手に差し向けられようと、聞き手から話し手に差し向けられようと、お互い的なものなのである。従って、お互い的コミュニケーションが行われている場では、話し手と聞き手の間に設定された主題（テーマ）は両者に共有されているものである。そして、主題（テーマ）についての両者の「わかりたい」という衝動が、両者が「わかり合える」事態を生み出すのである。これこそが、真に、人は話し合うことで互いに「わかり合える」ということなのである。

先の「2. 自己理解の促進」で述べたように、人の見方や考え方は、過去の経験や現在の立場に基づく感情や思考と根深く結びついている。たとえば、相手を"受容"するというとき、あるがままの相手をそのまま受け容れること、とされることが多い。しかし、そのような直接的かつ曖昧性の高い説明では、実際に「受容しよう」というときには果たして何

をどうすればいいのかわからないのではないだろうか。

ここでは，もう少しわかりやすく説明してみる。

まず，他人をあるがまま受け容れようとするならば，相手とは異なる自分の見方や考え方を一旦留保しなければならない。もちろん自分の感じるところや思うところを否定する必要はなく，あってもよいのだが，とりあえずそれは棚の上に置いておくのである。そうした上で，相手と自分の互いの心に通底するものを，互いが納得できるまで，辛抱強く，根気強く，粘り強く探していくのである。ときには果てしなく長い時間を要するかもしれない。しかし，この過程（プロセス）によってわかり得たものこそが，相手と自分に通用し，正しいと理解されたことなのである。互いのあいだで共有された見方や考え方，すなわち「お互い的主観性（相互主観性）」なのである。

たとえば，「空は青い」というとき，それは話し手の単なる思い込みではなく，聞き手の大半がそう認めていることなので「お互い的知識」である。しかしながら，お互い的知識は，日常的な会話において頻繁に使われ，字義的な意味にとどまらないのが常である。たとえば，南の島に遊びに行って来たことを他人（ひと）に話すときの第一声が「空が青かった！」であるときなどがそうである。多くの聞き手は「空は青いのは当たり前でしょう」とは思わないし，言わないだろう。大抵は「南の島の景色が綺麗で，とても気持ち良かった」というお互い的知識として話されたなかにある，話し手の「感じ」や「思い」の方を聞き取るのではないだろうか。だから，聞き手は「綺麗だったのね？」とか「良かったんだね？」などと応じ，話し手は「うん。綺麗だったぁ！」とか「そう。良

かったぁ！」などと返す，といった具合に会話が続いていくのである。実はこのように，人は日々の生活のなかで見られる一見シンプルな日常的な会話において，お互い的コミュニケーションを頻繁に行なっているのである。そうして，お互い的主観性を積み重ねているのである。

ところで，"主観 (subjectivity)"という語は，一般的には「主観的な見方や考え方」といった意味で用いられ，「私の主観によれば」「主観が入る」などと使われる。そこでは，「他人(ひと)には通用しない自分だけの見方や考え方」「自分の思い」や「身勝手な感情」といった非常に個人的で恣意的なニュアンスで使われている。元来，心理学は主観的な現象を研究するものである。心理学で主観という語が用いられる場合，それは"主体 (the subject)"に依存する観念という意味以外の内容は含まない。つまり，事実としての主観を問題にしているのである。従って，主観に限界があるのは，個々の主体に依存する現象である以上当然のことなのである。しかも，その限界は主体相互の交流によって否定されることがあり，否定されることによって新しい限界が個々の主観に現れることもある。つまり，話し手と聞き手による時間や空間を超えたお互い的コミュニケーションの積み重ねによって，互いの主観の限界はいかようにも変わっていくということである。

このようなお互い的コミュニケーションにおいて，人と人は「お互い的関係（相互関係）」を築き，「お互い的理解（相互理解）」を深めていく。

お互い的関係は，話し手が聞き手に何かを伝えるという一

方向的なコミュニケーションで築くことは難しい。話し手から伝えられたものに聞き手が影響を受け、そういう聞き手の反応に話し手も何らかの影響を受けるという双方向的なコミュニケーションによって築かれるものだからである。また、話し手が聞き手にどのような話をするのかは、お互い的関係によって変わる。話し手が話す内容は、話し手と聞き手のそのつどの人間関係によって異なるのである。話し手は、ある聞き手に対しては「優しそう」「慰めてくれそう」「受けとめてくれそう」など肯定的な「感じ」を持つかもしれない。また、別の聞き手に対しては「冷たそう」「ばかにされそう」「無視されそう」など否定的な「感じ」を持つかもしれない。前者と後者とでは、話し手の話の内容は多少なりとも変わってくる。これは、話し手が事実を隠ぺいするというのではなく、事実をどのように話すのかというところが変わってくるということである。

　たとえば、ある作業療法士が記録に不備があったことを上司に厳しく注意され、意気消沈していたとする。いつも親身になって相談にのってくれる先輩に「注意されたんだって？ 何があったの？」と声をかけられたら、「そうなんですよ〜。落ち込んじゃって…」と、事実を詳細に話し、弱音を吐いて泣きごとを言うかもしれない。先輩に今後のための助言をもらったり、「よしよし」と慰めてもらうことを期待するからである。一方、いつも嫌みをいわれる苦手な先輩に「注意されたんだって？　何があったの？」と同様に声をかけられたなら、「はあ…まあ…」と、事実を簡略に話し、あとは言葉を濁し平静を装うかもしれない。先の先輩とは異なり、嫌み

を言われるのではと警戒するからである。

　お互い的理解のために重要なポイントのひとつは、相手の身体の「感じ」に注意を向けることである。他人の話を聞く場合、聞き手は話し手にその身体を向けて話を聞いているはずである。話し手と聞き手が互いに身体を向け合った場におけるコミュニケーションは、コミュニケーション・ツールに向かう場合とは全く異なるものである。話し手と聞き手が互いに身体を向け合う場では、話し手の話の内容が聞き手に身に沁みて「感じ」られやすい。すると話し手の話の内容が変化していくといったことが、しばしば起こる。

　カウンセリングにおいては、相談者（クライエント）が自ら身体の「感じ」について話すときは成功率が高い。逆に、相談者（クライエント）が事実のみについて話す場合、不成功に終わる可能性が比較的高いとされている。たとえば、職場への不適応について話される場合、**ただ職場や職場の人への愚痴や悪態が話される場合【例6】**と、**職場にいるときの自分をどんなふうに「感じ」ているのかということが話される場合【例7】**とでは大きな違いがある。愚痴や悪態がいくら話されても堂々巡りになることが多いが、自分の「感じ」に向き合うような話がされると、そこからカウンセリングが展開するからである。

【例6】ただ職場や職場の人への愚痴や悪態が話される場合

相談者（クライエント）：「課長が…何かにつけ、営業成績のこととかでイヤミを言うので…」
カウンセラー：「あなたの営業成績がよくないということです

相　談　者(クライエント)：「よくないっていうか…ただの嫌がらせですよ！」
カウンセラー：「課長さんが，あなたに嫌がらせをするのですか？」
相　談　者(クライエント)：「ええ。こっちは休みも取らずに働いて。一体何なんだよ！っていうくらい」
カウンセラー：「なんで，そんな嫌がらせをするのでしょう？」
相　談　者(クライエント)：「知りませんよっ！　こっちが聞きたいくらいだっ！！　ちょっと成績が下がると何かにつけてイヤミばかり。ただの嫌がらせなんですよ…（同じ話が繰り返される）」

【例7】職場にいるときの自分をどんなふうに「感じ」ているのかということが話される場合

相　談　者(クライエント)：「課長が…何かにつけ，営業成績のこととかでイヤミを言うので…」
カウンセラー：「イヤミを言われる…。それは，どんな…感じがしますか？」
相　談　者(クライエント)：「そりゃあ，嫌でしょ。嫌に決まってますよ」
カウンセラー：「嫌ですよね…もちろん。それは…どんな…感じなんでしょう？」
相　談　者(クライエント)：「どんな感じ…う～ん，イヤミ言われて，なんか…胃が…ムカムカする感じかなあ」
カウンセラー：「胃がムカムカする…感じ」
相　談　者(クライエント)：「そうですね，ああ，最近…食欲もない…っていうか」

> カウンセラー：「食欲がない。食べてないと…元気でない…感じですか？」
> 相談者(クライエント)：「元気…ないなあ…。疲れたあっていう…なんか，そんな感じかなあ」
> カウンセラー：「疲れたあ…という感じなんですね」
> 相談者(クライエント)：「最近，休みも取ってなかったんで」
> カウンセラー：「休みも取らず…疲れても当然ですね？」
> 相談者(クライエント)：「当然…ですよね。あーっ，休もうっ！」
> カウンセラー：「休みも取らずに働いて…疲れて，食欲もなくて」
> 相談者(クライエント)：「だめですよね。あーっ，やっぱり休もうっ！」

　人には生来的・潜在的に，適応・健康・成長・回復へと向かう自己実現への衝動が内在しているとされている。このような考え方は対人援助全般に共有されるところであろう。カウンセリングにおいても，そのような相談者(クライエント)が本来持っている自己実現傾向を確かめるような援助が意図して行なわれているのである。

(2) 共感的理解

　"共感（empathy）"とは，話し手に生じる感情などを聞き手が敏感に感じ取り，話し手の内的情態を自身に投影する過程(プロセス)をいう。

　共感の概念規定は，乳幼児期と成人期に生じるものとでは異なるものとされている。乳幼児の共感は，乳幼児が母親など"重要な他者"の感情を，言語を介さずに感情の絆によって感じ取ることである。乳幼児本人の意志とは無関係に自動

的に生じ，自他の区別が未分化な体験とされるものである。それに対して，成人期の共感は，自分自身の感情と相手から伝わった感情を区別できることが前提とされ，意識的・能動的に相手の立場になって理解しようとすることである。

"共感的理解（empathic understanding）"は，感情的側面を強く含むも知的な作用であり，カウンセリングにおいては他者理解の本質とされている。たとえば，話し手が「辛い…」と，うな垂れて言うとき，話し手のそのときの外面的状態や内面的情態に似た状態や情態が聞き手にも体験されることである。聞き手は心身のどこかに「辛い」状態や情態が実際に生じるわけではないが，話し手が「辛い」と表現する状態や情態がどのような「感じ」であるかは「わかる」のである。何となく「ああ，このような感じなんだな」とその感情が伝わってくるのである。不十分な言語表現であっても，何かしら「こんなふうに感じているんじゃないか」ということがわかってくることである。理屈ではなく"感性（sensibility）"による理解のされ方なのである。リスニングにおいては，指示，評価や批判などせず，ただ一生懸命に，相手の身になって聞くことである。このような他人(ひと)の話をきちんと聞こうと努力する過程(プロセス)が，すなわち，相手に対する共感的理解を示すことなのである。

類似のものに"同情（sympathy）"がある。同情は悲しみなどのような否定的感情体験について，聞き手が話し手と同様の感情体験に浸りきったままでいることである。たとえば，話し手の気持ちを「思いやる」とするとき，そこに聞き手の同情が加わると「思い入れ」となる。それは，話し手の

気持ちを「思いやる」はずであるのが，聞き手の思いを入れ込んでしまっていることである。たとえば，看護師の場合，担当する患者が亡くなってしまったとき，患者の家族の悲しみを思いやって目頭が熱くなることがあるかもしれない。しかし，家族と同じようにあるいはそれ以上に泣き崩れるようなことがあれば，それは「思い入れ」である。援助職従事者が，被援助者やその家族の悲しみを取り上げるようなことをしてはならないのである。

　カウンセリングにおける相談者(クライエント)とカウンセラーの対話的関係の確立は，究極的には，相談者(クライエント)が相談者(クライエント)自身との対話的関係を確立することである。カウンセラーが相談者の話をリスニングすることによって，相談者(クライエント)も自身の声に耳を傾けるようになる。カウンセラーが共感的理解を示すことによって，相談者(クライエント)も自身と真の対話が可能となり，自身と「わかりあえる」ようになることである。

III

リスニングの実際

1 リスニングの対象

(1) 相 談 者

　特に「心理的な相談」というものに関わることが多い対人援助職には，臨床心理士や精神科医以外にも，看護師，社会福祉士，精神保健福祉士，作業療法士，言語聴覚士，教師や保育士などがある。「心理的な相談」というのは実際には非常に曖昧で，ここからここまでといった線引きの難しいものである。ここでは，臨床心理学やカウンセリングの理論を引用しつつ，対人援助職全般において対象となり得る相談者(クライエント)や相談内容について述べる。

　いわゆる"カウンセリング（counseling）"といわれるものは，相談者(クライエント)の抱える悩みや問題などに対して，専門的知識や技術を用いて行なわれる相談援助のことである。

　狭義のカウンセリングは，相談者(クライエント)と専門的訓練を受けた"カウンセラー（counselor）"が面接し，主として言語的手段による"心理療法（psychotherapy）"の一つとされるものである。ここでの相談者(クライエント)は，心理的・精神的な問題によって"社会的不適応（social maladjustment）"に直面し，悩み，その解決のために何らかの"治療（cure／treatment）"を必要とする人である。

　具体的には，ある人の場合は他人には聞こえない声が聞こえたり（幻聴），他人には見えないものが見えたり（幻視），他人(ひと)には到底信じられないようなことを僅かな徴候から信じ込んでしまったりする（妄想）症状が，顕著に見られる（統

合失調症)。また，ある人の場合は，非常に気分が高揚して何でもできるかのように感じる時期と，全く気分が沈んでしまい何もできないと感じる時期が交互に訪れる（双極性障害)。また，別の人の場合は，帰宅すると何時間も手を洗わなければ気が済まないといった症状が顕著に見られる（強迫性障害)。他にも多くの症状がある。過度の飲酒をどうしても止められない（アルコール関連障害)。食べ過ぎをどうしても止められない，あるいは身体的・思想的・宗教的な理由がないのに食事制限をして酷く痩せてしまう（摂食障害)。いけないことだと思いながら万引き，放火などの犯罪行為や迷惑行為を何度も繰り返す（行為障害)。恐怖のために屋上，飛行機など高い所に行けなかったり苦手だったり（高所恐怖症)，エレベーターやトイレなど狭い空間にいることができなかったり（閉所恐怖症)，日本人に特有とされる対人場面で異常なほど緊張してしまうなどの症状がある（対人恐怖症／恐怖症)。さらに，自分を身体的にひどく傷つけたり（自傷行為)，ほんの些細なことでもすぐ激怒したり，僅かな身体的異常を発見すると重病にかかったのではないかと激しい不安を感じる（心気症）といったことも含まれる。列挙していくと数限りないこのような心理的状態や反応は，一般的・平均的状態や反応からすると，明らかにマイナス方向に向かっているものであり，本人または他人から「異常と感じられる」ものである。カウンセラーには，このような相談者(クライエント)の社会的不適応行動の改善および適応行動の獲得，問題や症状の解消，適応機能強化のための人格(パーソナリティ)基盤の再体制化と開発が要請される。従って，人格(パーソナリティ)の深層水準(レヴェル)での変化が期待され

ることも多いものである。

　一方，広義のカウンセリングでは，社会的適応上の問題を解決するために，指導や助言を行なうこともある，人格(パーソナリティ)の比較的浅い水準(レヴェル)での変化を目指すものとされている。ここでの相談者(クライエント)は，社会的不適応に直面し，悩み，その解決のために何らかの"治癒（heal／recovery）"を求めてきた主として健康な人である。大方の人は困難な状況や環境に置かれたとき，欲求不満，葛藤，ストレスや心理的打撃(ショック)などに晒されるが，これは異常なことではなく正常な心理的反応である。これらについては，防衛機制のところで述べたとおりである。健康な人の集団を対象とするときには心理療法という言葉を使わず，"スクール・カウンセラー"のようにカウンセリングという言葉が使われることがある。「心理的な相談」は，治療する（完治する）というよりも，治癒する（可能な限り元に戻す），あるいは心の成熟を促進するといった要素が強いのである。また，広義のカウンセリングには，「心理的な相談」以外にも，生活，社会や経済など様々な分野における種々の専門的相談援助行為が含まれている。美容，婚姻，就職，法律の他にも多種多様な相談援助がそうである。従って，対面販売（化粧品や鬘(かつら)の相談など）にも，しばしばカウンセリングという言葉が使われているのである。

　援助職従事者は困っている人を援助するのが仕事である。本業以外のリスニングについても，援助に必要ならばやろうとするのであろう。このとき，援助職従事者は，被援助者の「心理的な相談」の意味することは何か，それを援助するとはどういったことかを，ある程度聞き分ける能力は要求され

ているのではないだろうか。たとえば，被援助者がカウンセラーを訪れたのならば，病態水準の理論から神経症水準(レヴェル)，精神病水準(レヴェル)など水準(レヴェル)という観点で捉えたり，援助も技法論に基づいて熟考される。対人援助職全般においては，そこまでの専門性は求められないが，被援助者の「心理的な相談」が，狭義か広義のいずれに該当するのかという知識は必要であると思われる。

(2) 内　容
1) 相談の内容

　援助職従事者は，被援助者に対して，直接的な指導や助言を与えたり，具体的な考え方や対応策を提示したりすることがある。それらは，各々の専門的見解からの問題への理解を深め，被援助者が主体的・効果的に取り組むことを可能にするためである。被援助者が自ら問題に向き合い，洞察や自己理解にたどりつき，それを実生活で生かすことができるようになるためである。リスニングは，そのための一役を担っている。

　リスニングにおける「心理的な相談」の内容は，以下のようなものがあげられる。

- 人間関係の葛藤や家庭や職場でのストレス
- 家庭内暴力，いじめ，不登校
- 発達段階に観られる問題行動，異常行動，情緒障害などに関すること
- 身体障害，知的障害や発達障害に関すること

・非行や犯罪などの矯正や社会復帰に関すること
・心身症，自殺願望，精神病理や精神障害に関すること
・精神健康(メンタルヘルス)，学校や職場復帰の際の不適応の予防などの心理教育
・自己理解や自己発見の促進

2）リスニングの内容　―現病歴，生活歴，家族歴―

リスニングでは，被援助者が「今，一番困っていること（聞いて欲しいこと）」を聞く。

まずは，困っている問題，症状など"現病歴（history of present illness：HPI）"や"既往歴（past medical history：PMH）"を明らかにする。来談理由から出発して，問題や症状がどのような性質のものなのか，どのようにして始まったのか，周辺や背景の事実を詳しく探るのである。次に，被援助者の問題や症状は被援助者の生活のなかで起こるものなので，問題や症状について明らかにしていけば，話は自然に生活の様子，"生活歴（life history：LH）"に及ぶ。さらに，それに関連して家族関係や家族構成など"家族歴（family history：FH）"に話が進んでいくのである。

現病歴は，主訴および来談理由に直結した最重要情報であり，既往歴，生活歴や家族歴は被援助者の背景情報の聴取が目的とされている。

まず，現病歴は現症ともいわれる。今の問題や症状が，①いつから，②どのように始まり，③どのような経過を辿って，どのような問題や症状として出ているのか，といった情報である。また，既往歴は，既往症ともいわれ現病歴とは異な

る。具体的には，アレルギー，持病，大きな怪我，これまでかかった病気や手術などの受診歴である。これらは現在の問題や症状についての見立てや援助の選択の手がかりとなる。薬物療法を行なっている場合は処方薬を知っておく必要がある。飲酒歴や喫煙歴も問題や症状と関連することがある。被援助者は，自己判断で質問の範囲や程度を答えることため，答が不十分な場合は答えるべき範囲や程度を示しながらじっくり聞き出す工夫も要る。被援助者を理解し，重要な問題点を見逃すことがないためである。

　また，生活歴は，医療・教育・福祉の現場における個別援助のために，出生から現在までの生活史のことを指すものである。学歴（出身校，退学），職歴（転勤，出社拒否，退職，リストラなど）や結婚歴（家庭不和，家庭内暴力，離婚など）などの内容がある。

　さらに，家族歴は生育歴と重なるところが多い。家庭内の話は，習慣も含めて被援助者の生活なので聞いておかなければならない事項である。すでに死亡している場合でも両親の話から聞く。母方あるいは父方の祖父母が同居しているか，被援助者の子どもの頃の話，兄弟姉妹の話，家族の仲が良いか疎遠かといった話も聞くべき内容である。

　家族に対する見立てをする際，家族の全体像を捉えるために，家族構成と家族関係を一つの図中に示したものを"家族関係図（世代関係図：genogram）"あるいは"家族図（family tree）"と言う（図5）。医療・福祉・教育などの利用者とその家族が，どのような援助を必要としているのかを把握する際の情報として，また被援助者とその家族全体を援

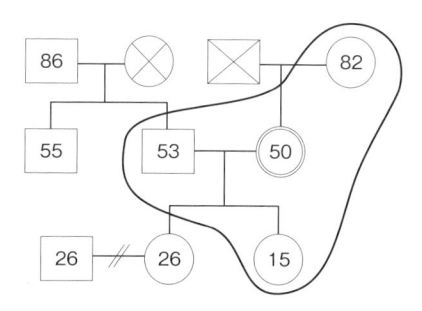

50歳女性の被援助者。一人娘で父親は他界。既婚者で，26歳と15歳の娘がいる。被援助者の母親（82歳）と夫，次女の四人暮らし。長女は同年の男性との離婚経験があり自活している。被援助者の夫（53歳）は二人兄弟の次男。舅（86歳）は存命で姑は他界。夫の兄（55歳）は独身。

図5　家族関係図（ジェノグラム）の例

助していくため，とりわけ障害者や高齢者を抱える家族が持つ複雑な問題に対する理解を深めるための重要な資料とされている。

　家族関係図では，援助職従事者の間で情報を共有できるように，以下のようなおおまかな作図ルールがある。

・男性が四角□で，女性は丸○。
・被援助者は二重の□や○で囲む。
・亡くなった人は×印をつけたり，黒く塗りつぶす。
・□や○のなかに年齢を記入する。
・カップル関係の場合（夫婦や同棲など）は，夫は左側で妻は右側に表す。
・離婚は二重斜線，別居は一重斜線で表す。
・兄弟姉妹関係は，第一子が左で，順に右へ表す。

- 同居している家族員を線で囲む。
- 基本的には三代前まで遡って作成する。
- 用途によって，誕生・死亡・婚姻・離婚などの日付を記入する。
- 住んでいる場所や職業を書き込むこともある。
- 起きている事象（AL（アルコール依存），DV（家庭内暴力）など）を加筆することもある。

(3) 家　　族
1) 被援助者が自発的でない場合

「今，一番困っていること（聞いて欲しいこと）」があるはずの被援助者が自発的でなく，家族などによって，仕方なく，嫌々，あるいは無理やり連れて来られる場合がある。

教育・医療・福祉など現場によって様々な場合が考えられるが，たとえば，小学校や中学校においては，不登校の生徒（被援助者）とその親というような場合である。欠席が続き，自宅で寝ているかゲームをしているかという息子に無理やり制服を着せて車に乗せ，学校に着いても車から降りようとしない息子を引きずり降ろし，自分から動こうとしない息子をほとんど引きずるようにしながら，教員やスクール・カウンセラーの所に連れて来る親もいる。

このような場合，引きずるようにして連れて来た親でさえ，息子（被援助者）との関係が悪くなるのを恐れていることが多い。だから，そのような親の多くは，被援助者を交えずまず親が，なぜ息子（被援助者）を連れて来たかのかという理由を先に話そうとする。親である自分達が「今，一番困

っていること（聞いて欲しいこと）」が先立つのである。息子（被援助者）を連れて来たにもかかわらず，息子（被援助者）を廊下に待たせるなどして，息子（被援助者）が不在の状態で話を秘密裏に進めようとするのである。この際に注意すべき点は，誰が「今，一番困っていること（聞いて欲しいこと）」があるのかということである。自宅で寝ているかゲームをしているかという息子（被援助者）が，よくあるように，「話すことは別にない」と言い，話を聞いて欲しいのはむしろ親であると訴えるならば，まず親の話を聞くのがよいだろう。しかし，それでも「今，一番困っていること（聞いて欲しいこと）」があるはずであろう息子（被援助者）を無視してはいけない。廊下で待たせるにしても，親の話を聞くのなら息子（被援助者）に，そのことに対しての了承を得ておく必要がある。もし，息子（被援助者）が親だけと話すことを拒否した場合は，息子（被援助者）と親との同伴で会い，そこでは，息子（被援助者）と親が互いにそこで話せることだけ話してもらうことにするのがよいだろう。

2) 被援助者が来ない場合

被援助者は来ずに，家族が相談に来る場合がある。後に被援助者とも話し合うことが前提としてあるならば，家族との話の内容を被援助者にもオープンにすることを，家族に対して明確にしておく方がよい。家族によっては，被援助者が不在のところで被援助者について他人に話したことに罪悪感を抱いていることがある。そういった家族の気持ちを十分に汲んだ上で，被援助者に対するよりよい援助をするために，家

族の安心と理解を得る必要がある。

3）家族に問題がある場合

　被援助者の問題や症状には，しばしば家族の問題が深く関わっている。たとえば，過剰保護・過干渉，夫婦関係，嫁姑関係，家庭内暴力，虐待などがあげられる。援助職従事者は，それに気づいたとき家族環境を調整しようと努めるが，中々簡単にはいかないのが通常である。そのような問題のある家族は，家族成員が極めて防衛的であったり，家族の問題に無自覚であったり，被援助者の問題（被援助者のせい）にしようとしたがるからである。だから，もし家族の関わり方や家族環境に問題があることを指摘されたりしたならば，一層態度を硬化させたり，その結果，却って被援助者に悪い影響を及ぼすこともしばしばある。

　家族の問題を扱うのは多かれ少なかれ困難を伴う。しかし，辛抱強く待っていたならば働きかける好機が巡ってくることもある。その到来した機会を掴むためには，被援助者の家族が被援助者の問題と関わっている点について見極める能力が必要とされる。

2　リスニングの始め方

(1) 最初の出会い

　リスニングでは，話し手と聞き手との最初の出会いは非常に重要である。カウンセリングでは"最初の接触（first contact）"といわれる（p.33参照）。この数分間が上手くい

くかいかないかでカウンセリングの成功・不成功が決まるとされるほどであり、技術とそのための訓練(トレーニング)が必要とされる。

　第一印象が大切というのはよくいわれることである。しかし、この意味を正しく理解し、日常的に実践している人はどれほどいるだろう。就職面接、紹介や婚活（集団お見合い）など人生の岐路や転機となるような機会で改めて思い出されるのが大方ではないだろうか。

　初期学習／初期経験についての理論は先述したとおりである（p.33参照）。話し手と聞き手との最初の出会いは、ただ一度きりのものであり、その後では取り返しがつかないようなことになる関係や情況を作ってしまうことがある。たとえ取り返しがついたとしても、そのために多大な時間を要することになる。

　最初の出会いにおいては、聞き手は、まず、話し手と聞き手の両者の関係が、話し手の情態にどのような影響を与えているかに細心の注意を払わなければならない。そうしながら、話し手の状態を観察し、どのようなことが「今、一番困っていること（聞いて欲しいこと）」か可能な場合は尋ねながら確認する。ここで、話し手が「今、一番困っていること（聞いて欲しいこと）」について聞き取ることができるか否かが、その後の話の内容の展開を左右することになる。次に、話し手が「今、一番困っていること（聞いて欲しいこと）」が、いつから、どのように始まったのを聞いていくのである。

　カウンセリングにおいては、「今、一番困っていること（聞いて欲しいこと）」は、主訴とされる。カウンセリングは相談者(クライエント)が訴える主訴から始まる。主訴とは、相談者(クライエント)がカウン

セラーに話す問題の中の主要なものや、自覚症状の中で、現在、最も不快、苦痛とされることである。相談者(クライエント)自身には特に問題がないと思われている場合や自覚症状の乏しい場合は、相談者(クライエント)が来談するきっかけとなった主たる事情が主訴となることもある。

　最初の出会いでは、「今、一番困っていること（聞いて欲しいこと）」を知るために十分な時間を費やさなければならない。話し手によっては、自分にとって何が「今、一番困っていること（聞いて欲しいこと）」かが明確にわかっていない人や、自分のことであるにもかかわらず確信がない人も少なくない。このような話し手の場合は、まるで関係ないと思われるような話や雑談のようなものが混合したり、横道に逸れたり、だらだらと話されたりして時間が瞬く間に過ぎてしまうことがある。かなりの時間を経ても話し手が何を訴えたいのかさっぱりわからないこともある。長時間ひたすら話を聞いてようやくわかってくることも珍しくない。

　また、話を聞いていくうちに、話し手が「今、一番困っていること（聞いて欲しいこと）」と、聞き手が「これが一番困っていることではないだろうか」と聞きながら推測していたことが違ってくることがある。「今、一番困っていること（聞いて欲しいこと）」は、他人(ひと)に聞いてもらうことで変化することがあるからである。

　たとえば、「同僚らとの関係が最近ぎくしゃくして…。私が仕事を頑張って順調に出世していることをおもしろくないと思われているのかもしれない。言葉や態度のはしばしにそう感じることがある。たまに少しいじわるなことを言われる

こともある。私はただ仕事を一生懸命しているだけなのに」と，最初は職場の人間関係についての訴えだったとする。しかし，続けて聞いていくと訴えの内容が変わってくるのである。「私が仕事を頑張っているのは，誰にも頼らずに一人で生きていくため。たとえ結婚しても離婚することだってあるから。うちも私が小学生のとき両親が離婚した。看護師の母は女手一つで苦労して私を育ててくれた。甘えたいこともあったけど，母がいつも疲れているのがわかっていたから…。だから誰かに甘えたり頼ったりするのは苦手」。このように，実は，生育歴からくる自分自身の対人関係的な問題が，「今，一番困っていること（聞いて欲しいこと）」として浮上してくることがあるのである。

聞き手の思いは話し手に伝わるものである。最初の出会いが重要であることを念頭に置いたリスニングを行なうと，それは話し手にも伝わるのである。

(2) 観　　察

リスニングにおいて，聞き手は話し手の外観から何らかの印象を受け取っている。このとき，聞き手は"観察（observation）"について影響を及ぼす聞き手自身の見方や考え方を十分に知っておく必要がある。

カウンセリングにおいては，カウンセラーは相談者(クライエント)に対して観察を行なっている。観察とは，感覚器官を通してものの状態，運動や変化に注意を向け，それが何を意味するのかを解釈する行為をいう。観察は実験と並び経験科学の基礎とされ，それに基づいて理論体系が構築される。一般に，観察を

続けることにより新しい理論も生まれると考えられているがそうではない。自然科学の観察や実験においても，科学者らは何らかの理論的前提のもとに対象を見ている。全く前提なしに見ているのではない。人文・社会科学の場合でも同様である。心理学的調査や心理測定では質問紙の取り方ひとつによって結果は異なる。人の心理の考察においては，その前提となる理論が大きな役割を占めるのである。つまり，観察は，全く感覚的な知覚のみに依るものではなく，見る人があらかじめ持つものの見方や考え方によって異なってくるものなのである。

　以上をふまえた上で，具体的には，聞き手は話の内容のみならず話の形式にも注意するとよい。話の形式というのは，話の内容（＝資料(データ)）があって，これが現実にとる姿，形のことである。話の内容があれば話の形式があり，話の形式があれば必ず話の内容がある。これらはハッキリと分けられるものではない。感覚内容に形を与えることに無理が生じることもあるが，人は理性によってバラバラの感覚を話の内容として整理し，話の形式にしているのである。リスニングにおいては，話し手の外見は，話し手の話とはまた別に，話し手の人柄について聞き手に語りかけている。人は日常的に複数の"非言語的コミュニケーション（nonverbal communication）"を用いているからである。

　カウンセリングにおいては，非言語的コミュニケーションが主で言語コミュニケーションは従とされることもある。言葉よりも，視線，表情，身ぶり，態度，身だしなみやカウンセラーとの物理的な距離の取り方などが重要なコミュニケー

2 リスニングの始め方

ションを担っていることがあるからである。たとえば，思いつめた暗く沈んだ表情，うな垂れている，硬く緊張している，そわそわしている，ウキウキしている，辛い話であるはずなのに笑顔，話しの内容と真逆の穏やかさなどである。服装などは，話し手の経済的・社会的位置の指標となっていることが多い。

聞き手は，話し手の話の形式，つまり，話し方，声の調子やその変化，話しているときの表情や姿勢，そこから予想される心理状態など観察されるものが，話し手の話の内容と矛盾なく合っているかどうかを照らし合わせる。もちろん，これらは印象に過ぎないが，このような外観の印象は，話を正しく聞き，理解するためにも非常に重要な資料となるものである。

たとえば，ある保育園で，子どもを迎えに来た保護者が中々帰ろうとせず，ため息をついたりしているとする。保育士が「どうかされましたか？」と尋ねるが，保護者は「別に…」と話したくない様子だったので保育士もそれ以上は踏み込まなかった。さて，この保護者は本当に「別に」何もなかったのだろうか。もし，この保育士が日頃から保護者をよく見ていたならば，むしろ何も答えなかったことで「もしかしたら，簡単には話せないような事情があるのではないか」と色々と考えを巡らせるかもしれない。最近の保護者や子どもの雰囲気，様子や言動で「あれっ」と思うようなおかしなことはなかったか，何か変わったところはなかったかを思い出しながら，翌日からも保護者と子どもをよく観察しようとするのではないだろうか。

言語面ではわからないことは、観ることで補うことができる。聞き手は話を聞く前に、すでに話し手を観ているのである。すでに外観から、話し手は「こんなふうに感じているのではないか」「こんなことを考えているのではないか」ということを、確証があるわけではないが、なんとなく感じ取ることができる。これらは、リスニングにおいて有用な手がかりとなるのである。話し手の表情、態度や行動は、話し手の話を聞き出す手がかりとなり、聞いたことを考える上での参考となり、話し手の理解に繋がるものである。

(3) 見立て

"見立て (assessment)" はカウンセラーの専門的技術のひとつである。従って、他の対人援助においては以下に述べるようなことを実際に行なう機会はないかもしれない。しかし、被援助者に対して適切な援助をするための知識として、対人援助職全般において有用であると思われる。

1) 見立てとは

カウンセリングにおいては、最初の接触に見立ての作業も含まれている。治療や援助は見立てに大きく左右され、見立てのない治療や援助は成立しないとさえされている。カウンセリングにおける見立てとは、相談者(クライエント)が直面している心理的問題を分類し、その深刻さや発生機序を推定することである。診断と予後を含む全体的な見通しであり、治療や援助の過程全体についての心理の専門家としての見解を持つことであると定義されている。

的確な見立ては，適切な援助を行なうために求められるものである。被援助者に対する病名付けやレッテル貼りのためではない。誤った受け取り方がされると偏見や排除に繋がる危険性がある。また，見立ては，見立てに添って行動しなければ何も起こらない消極的な力である。被援助者から新たな情報が与えられたり新たな展開があるときは，柔軟に変化していくものである。従って，一般的には初回に行なわれるが，数回の面接を経て見立てられる場合や，修正や見立て直しが行われる場合もある。

　見立てには，カウンセラーの"感性（sensibility）"が要求される。感性とは，外界の様々なものを感じ取るための人間の持つ感覚・知覚的能力である。視・聴・嗅・味・触の五感のはたらく度合いのことである。人の身体は外界の刺激を受け，それに対応した感覚を生じる。この敏感性が感性であり，感性が鈍いとか鋭いといった具合に使われる。また，美や善などの評価判断に関する印象の内包的意味を知覚する能力でもある。無意識的，直感的，非言語的で，ある音楽に違和感を覚えるといったように人に作用することもある。この「感性を磨く」には，様々な物を見たり，聞いたり，触れたり，味わったりする経験が大事とされる。具体的には，小説を読んだり，映画や芸術作品を鑑賞したり，旅をして様々な景色や風土を"体験（experience）"することである。体験は，感性の感受性によって享受される。「この花は，とても美しいですね」という発話には，感性と感受性が表現されている。感性は，「この花は，とても美しいですね」といった内面的表現である。「花」を感覚的反応能力で捉え，自分

の経験や記憶の情報から筋道と道理を考え，その筋道に従って判断し，論理的な判断が加えられて「この花は，とても美しいですね」という感性が表現されているのである。感受性は，「この花は，とても美しい」という「この花」を捉えて受けた印象と刺激の表現である。この表現に対して他人が，「そうですね。本当に美しいですね！」と応答したとすると，それは応答した他人の体験から表出された感性の表現であり，「この花は，とても美しいですね」という表現に対する感受性でもある。何かを頭の中で想像するだけではなく，何かを実際に体験することによって，新しい発想が生まれることがある。比較対象となり得るような要素を自分自身の中に増やし，様々なものを見る目を鋭敏にすることが「感性を磨く」ことになるのである。画家であれば色彩や構図，彫刻家であれば姿や形，音楽家であれば音や調子，政治家，評論家や知識人であれば文字や言葉が，その感性で捉えた感受性である。そして，画家はキャンパスに，彫刻家は作品に，音楽家は楽譜に，政治家，評論家や知識人は論説が，その感性の表現となるのである。

　"直観（intuition）"も，カウンセラーに要請される能力である。"直感（intuition）"とは英語表記は同じになるが，日本語では"直"の意味が異なり区別して使われている。直感は物事を瞬時に感じ取ることであり，推理や考察などによらず勘で答えるような日常会話での用語を指すものである。一方，直観は，物事全体を直接的な感覚によって捉えることで，感性的知覚とされるものである。知識の持ち主が熟知している知の領域で持つ推論など，論理操作を差し挟まない直接

的・即時的な認識の形式とされている。本能は，必ずしも経験的な要素を必要としないため本能とも異なるものである。「直観を磨く」には，自分が関わるすべての事象に対して疑問を持つことである。あらゆることに気を配ることによって小さな変化にも気づくようになるのである。

　さて，見立ては，医療・福祉の現場では「アセスメント」と呼ばれている。アセスメントは，『ICD-10　精神および行動の障害─DCR　研究用診断基準』や『DSM　精神疾患の分類と診断の手引』などのような特定の診断基準に添って成される類ではなく，主訴とも異なるものである。アセスメントは，相談者(クライエント)から「今，一番困っていること（聞いて欲しいこと）」を聞いた援助職従事者が，それを理解し直し，相談者(クライエント)の問題と援助について把握することである。

　医師による診断と，カウンセラーによるアセスメントの違いには次の二つがあげられる。まず，診断は，病名や障害を判断することである。アセスメントは，診断後，相談者(クライエント)が診断をどのように受け止めるかという予測，および援助の具体的方法の選択や終結時の目標についての専門的見解である。次に，診断は，病名あるいは障害判定において科学的な根拠が重視される。アセスメントは，相談者(クライエント)についての直観も含む総体的意見であり，弁別のみならず探索，予測や推理が必要とされる。まず，リスニングから始め，来談理由や，「今，一番困っていること（聞いて欲しいこと）」が起こった背後の心理やその全貌を探り，相談者(クライエント)の問題を把握する。そして，相談者(クライエント)の訴えを鵜呑みにせず，適切な援助のために新たに理解し直すのである。しかも，カウンセラーに問題と把

握されたものは，相談者(クライエント)にとっても問題とされなければならない。カウンセラーの資質と職歴の中で心身に染み込んだ知恵を総動員して行なわれるため，その作業には広範な知識，訓練(トレーニング)や経験が欠かせないのである。

2) 見立て方

　カウンセラーの場合は，見立ては臨床能力として評価されることが多い。

　見立ては，相談者(クライエント)のみにとどまるものではない。援助の活動範囲が大きくなればなるほど，より広範囲な見立てが求められる。基本的要素は，個人の病態水準(レヴェル)，障害の有無，生育歴，環境要因，現在の状況，家族関係，学校や職場などでの人間関係などである。これに加えて，たとえば学校や職場であれば，組織全体がどういう方向性を持ち，どのように動いているか，誰がキーパソーンなのかなどの把握が必要となる。また，誰にどういう説明をすれば組織全体に上手く伝わっていくかという見極めや，自分が動くことがどういう結果を生むかという予測も含まれてくる。さらに，他の援助職従事者によって援助が行われている相談者(クライエント)の場合，協同するには見立ての共有が不可欠となる。

　カウンセリングにおいては，カウンセラーは相談者(クライエント)に見立てを伝える。カウンセラーは，リスニングをもとに，相談者(クライエント)の「今，一番困っていること（聞いて欲しいこと）」が何か，問題，病気や障害について推考する。これはカウンセラーの頭の中で行なわれるため，相談者(クライエント)はカウンセラーの表情を見たり質問に応えたりしながら，カウンセラーが何を考えてい

るのかを想像するしかない。相談者(クライエント)は，カウンセラーにどのように思われているのかはわからないため「こんな変な話をしてしまって，カウンセラーに変な人だと思われているのではないか」と不安になるかもしれない。従って，カウンセラーが「こんなふうに考えるのは自分だけなのではないかと思ったり，自分は変なのではと思ったりして，誰にも相談できずにいたのですね」と伝えると，相談者(クライエント)の不安は和らぐのである。そして，「嫌なことも大変なことも我慢して頑張り過ぎて，力つきてしまっているように見えます」といったような見立てを伝えられると，相談者(クライエント)は今まで悩んだり苦しんだりしてきたことに対して，ある程度の理解や安堵を得ることが可能となるのである。

　見立ての伝え方は，まず，相談者(クライエント)に理解できるような一般的な用語で伝えていくのが望ましい。専門用語を使う場合は，それを丁寧に説明しなければならない。リスニングから拾った「嫌なことや大変なことがたくさんあって…」「でも我慢しなきゃと思って…」「頑張ろうと思っていたから…」など，相談者(クライエント)の発言を用いて伝えると，受け入れられやすいようである。次に，伝える範囲は，相談者(クライエント)が問題や症状などに対して意識的・自覚的であるところと，無意識的・無自覚的であるところのギリギリ境目辺りで伝える。相談者(クライエント)が無意識的・無自覚的であることまでむやみに伝える必要はない。また，見立てと同時に，カウンセラーが未だわからないところも伝えておくことがある。「おそらく頑張り過ぎて力つきてしまっているのだろうと思います。でも，あなたが，なぜそこまで頑張らなければならなかったのかということについ

ては未だわかりません」。カウンセラーが「わからない」と伝えるのは，専門家としては不適切ではないかと思われるかもしれない。しかし，わからないことをわからないということは相談者(クライエント)に誠実なことでもある。わからないところをわかるために一緒に取り組むという"動機づけ（motivation）"にも繋がることなのである。

(4) 要　　領
1) 筋道を立てる

　一般的に，人は，話を聞いてもらいたいと思うときほど，聞き手にわかりやすく，筋道立てて話すということが難しいようである。しばしば，時間は前後し，内容は重複したり，混乱したり，支離滅裂になっていたりすることもある。一見，筋道立てて話しているかのようなものでも，実は肝心な部分の話が抜け落ちていることもある。

　カウンセリングにおいては，カウンセラーには，初めて聞く相談者(クライエント)の話を瞬時に整理しながら聞いていく高度な専門的技術が求められる。今まさに話されていることについての前後の脈絡，時間的経過，事柄や出来事の相互の関係や，それぞれの事柄や出来事が相談者(クライエント)にとってどういう意味があったのかなどを，整理しながら聞き「分ける」のである。次に，話の全体が各部分にどのように関連しているかということを「結びつける」のである。カウンセラーは，相談者(クライエント)に「もっと落ち着いて話して下さい」「わかりやすく話してもらえませんか」「筋道立てて話しましょう」などとお願いしたり，注意を促したりすることはないのである。

しかし，対人援助職全般については，以上のお願いや注意が援助に必要だと思われる場合は，積極的に使って欲しい。不適切な援助というのは，筋道立てて話さない被援助者を責めたり，わかってもいないのにわかったように聞いていることだからである（p.45「3)「わからない」ということ」参照）。

2) 仮説を立てる

カウンセリングにおいては，相談者(クライエント)の話が中断して沈黙が続いたり，話す内容が堂々巡りになってしまうことがある。このような場合，カウンセラーには，その先の話を読む能力が要求される。これから話されることについて，それまで話された内容から大方の見当をつけるのである。すなわち，仮説を立てるのである。相談者(クライエント)が，なぜカウンセラーにわかるはずがないと思うのか，なぜカウンセラーにわかられたくないのか，カウンセラーにわかってほしいと思っていることは何なのかなどの疑問をあげ，それらについて一応の仮説を立てる。もちろん，それは仮説に過ぎないため，カウンセリングにおいて検証していかなければならない。

仮説は，カウンセリング理論に裏付けられた専門的要素が高いため，浅薄な知識で行なうことは難しい。その理解を誤ると不適切な援助に陥る可能性がある。すべての援助職従事者が，仮説は常に自分の「専門」について可能であることを心得ていれば，不適切な援助に陥る危険性は回避できると思われる。

3) 三つの水準で聞く

カウンセラーは，相談者(クライエント)の話を三つの水準(レベル)で聞いている（図6）。

まず，事実の水準(レベル)は，相談者(クライエント)の行動水準(レベル)について話され客観性の高い内容が多い。「今朝8時に起きた」「週末に買ったシャツを着てきた」「昨日は授業をさぼった」といった内容である。

次に，心的現実水準(レベル)は，相談者(クライエント)の情態が事実と関係あろうとなかろうと話されているものである。「今朝は，すごく早く起きてしまった」「何だかおしゃれしていたい気分」「憂鬱で何もしたくない」といった内容である。

そして，事実と心的現実が複雑に絡み合い重なり合った水準(レベル)も話される。「週末に買ったシャツを着てきた」という事実は，今日のデートへの期待からであり，その期待の中には「デートのことを考えると早く目が覚めた」「ウキウキしておしゃれした」「デートなのに憂鬱」など様々な心的現実が含まれている。従って，事実を必ずしも事実のみで考える

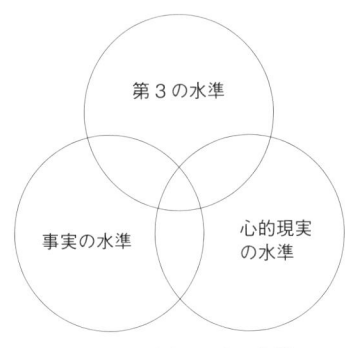

図6　相談者の話の水準

ことはできない。カウンセラーは，事実，心的現実とそれらが複雑に絡み合い重なり合った三つの水準(レヴェル)を同時に注目しながら，話を聞かなければならないのである。

このような聞き方ができるようになるには特別な訓練(トレーニング)が必要とされる。カウンセラーはカウンセリングを行うために特別な訓練(トレーニング)を積んでいるのである。それは他の援助職従事者がそれぞれの専門的資格を得るために訓練(トレーニング)を積んでいるのと同じである。

4) 他人(ひと)の身になる

本書では，以降もカウンセリングにおける技術的な話を述べるが，すべての援助職従事者が"カウンセラー（のよう）になる"必要はない。

ただ，大方の人が「他人(ひと)の身になる」能力を持って生まれているということは事実である。

ドイツの心理学者リップス（Lipps, T.）は，他人(ひと)の心理を理解するときや，芸術作品を鑑賞するときに起きる「観察者が主体を維持しながら，対象と一体化して自己の感情を投影して感じる」ことを"感情移入（Einfühlung）"とした。感情移入は，他人(ひと)を理解しようとするときなど誰もが日常的に行なっていることなのである。

たとえば，映画やテレビドラマを観ているとき，刑事役の主人公が危険な場面になると，ハラハラ，ドキドキしたり，手に汗を握りながら見入ることがある。「後ろっ！　危ないっ！」と画面に向かって叫ぶことさえあるかもしれない。また，小説を読んでいるときは，読者は小説のなかのあたかも

主人公のようになって読んでいる。しかし、そもそも小説は本であり、本というのは紙の上に印刷された文字が並んでいるものである。客観的には、それは人が文字を見つめているだけのことなのである。それで、ハラハラ、ドキドキ、ニヤニヤ、ウルウルしているのである。人は、自分が主人公の気持ちや身になることが難なくできるのである。しかも、人は映画やテレビドラマを観たら「観た？」「観た〜！」と、小説を読んだら「読んだ？」「読んだ〜」と互いに生じた「感じ」を確かめ合うために言葉を交わす。「良かったよね〜」「良かったあ！」、あるいは「なにあれ〜」「あれはないよね〜」といったような会話によって、少しホッとする。

　これらは誰にでも身に覚えのある普通の会話である。しかし、このような日々の生活のなかで見られる何でもない会話において、「他人（ひと）の身になる」能力を確かめ合っているのである。

　上述したように、対人援助全般において、被援助者から理路整然とした明快な話を聞くことは少ないと思われる。しかし、それは被援助者が他人に相談しなければならないほど困っていたり、追い詰められているという表れであり、他人（ひと）の話をきちんと聞いてくれる他人（ひと）を切実に求めているということである。従って、援助職従事者は、誰もが皆、生得的に持っている「他人（ひと）の身になる」能力を、各々の専門において活かせる程度の知識や技術を訓練（トレーニング）すればよいのである。

5）肯定的なリスニング

　話し手に対する肯定的なリスニングとはどのようなものだ

ろうか。

　「傾聴」というと「カウンセリング・マインド（日本人が作った和製英語）」が強調されてきた。「カウンセリング・マインド」とは，他人(ひと)と関わろうとするときの肯定的・受容的な心構えや姿勢とされている。対人援助の仕事の場のみならず，夫婦，親子，友人関係など日常的コミュニケーションにおいても，昨今は，求められることがある。

　「カウンセリング・マインド」は厳密にはカウンセラーの専門的援助とは一線を画すものである。しかし，初学者が入りやすい「型」が示され，それを安易なことだとは一概には言えないだろう。日本の武道，書道，茶道などは，まず「型」から入るものである。ただし，他人(ひと)の話をきちんと聞こうと努力する，その仕方を間違えないことを忘れてはならない。それは本書の要である。「型」から入ることの意味を取り違えてしまうと，リスニングを見失うことになりかねないのである。

　自ら話を切り出す場合の話し手は，「今，一番困っていること（聞いて欲しいこと）」について堰を切ったように次々と話し出すことが多い。このような場合，聞き手は話し手の話に，つい巻き込まれてしまいそうになることがある。あまりにも多くの情報がダーッと一度に与えられると，それらすべてを取りこぼすことなく受けとめるのは容易ではない。しかし，話し手はそれに気づかないことが多く，自ら止めることはできない。だから，聞き手が「ちょっと待って下さい」と，ストップをかけられずに話し手のペースに巻き込まれてしまうと，聞き手は話し手の話をただ鵜呑みにしてし

まうことになりかねない。あるいは話されることの大半を聞き漏らしてしまうことになる。聞き手が，話し手の話の内容がまだよくわかってはいないのにもかかわらず，あたかもわかったつもりになっているときがそうである。そのようなときの聞き手には，「うん…，うん…，うん…」と少し高めの声で，いかにも許容的な雰囲気で肯定的な相槌[6]を打つということがしばしば見られる。「そうそう」「あるある」「わかる」といった発言がされることもあるかもしれない。ことさら，話し手の「今，一番困っていること（聞いて欲しいこと）」が，聞き手にも若干身に覚えがあるようなときは，「そういうことは誰にでもあるよ」「私もそういうことがあった」と口を挟んでしまうこともあるかもしれない。この肯定的な相槌は，家族，友人や個人的に親しい間柄ならば何ら問題はない。話し手を励ますためであり，よい効果こそあれ害はないのが普通である。しかしながら，援助職従事者として話を聞くような場においては，重大な危険が潜んでいることがある。まさしくわかったつもりになって肯定的な相槌を打つとき，話し手が「今，一番困っていること（聞いて欲しいこと）」をすでにわからなくなってしまっているのにもかかわらず，聞き手がそれに気づいていないからである（p.45「3)「わからない」ということ」参照）。

---

6) 日本社会では，相槌は会話を円滑に進めるとされている。男性より女性の方が多用する傾向にあり，女性同士の会話では「うんうんうんうん」と同時に複数で相槌を打ち合うこともある。これはシンクロナイゼーション（synchronization）（周期，タイミングや内容を同一に揃えること）と呼ばれるものであり，親密さや連帯感を示しているとされている。

リスニングでは，話し手が言葉にして直接訴えている問題や症状などは，実は表面的なことであって，その「背後に何かがあるのかもしれない」ということを常に考えていなければならない。話し手は，その背後にある「何か」について聞き手に「気づいてほしい」「わかってほしい」と思っているからである。もちろん，話し手自身は無意識や無自覚であることがほとんどである。聞き手に「わかってほしい」という気持ちは強いが，それでは一体何をわかってほしいのかということを話し手自身もよくわかっていないことが多々あるのである。このように話し手自身が，聞き手に何をわかってほしいのかがわかっていないとき，聞き手は早くそのことをわかろうと焦ってはいけない。聞き手には，むしろ辛抱強く「待つ」ことが望まれる。話し手は何をわかってほしいのだろうかと，話し手がそれについて話し出すのを待ちながら考え続けることが肝要なのである。そうしていると話し手が何かしらヒントを与えてくれることがある。さりげなく話されていることであっても，諸般の事情を合わせ考えると意味深長であるとか，当然していいはずの話をしていないといったことが徐々に浮かび上がってくるのである。そこで，聞き手がそういったことを適切に指摘し，話し手にそれが意識化されると，それまで背後に隠れていた内容が急に表れ出てくることがある。

　ところで，話し手は，心の深層にある秘密について聞き手にはわからないように話を進める場合がある。また，注意深く話を進めていてもその秘密が聞き手に気づかれたのではないかと心配になったり不安になったりすることがある。これ

は，何をわかってほしいのか，そして何がわかられると困るのかといったことが，話し手に意識的・自覚的な場合に起こることである。このような話し手の心理は，わかられると困る理由がなくなれば消失する一時的な場合もあるが，長く継続的な場合もある。聞き手には，たとえ話し手の秘密や，秘密がありそうなことに気づいたとしても，話し手が自ら話し出すのを，やはり「待つ」ことが望まれる。命に関わるような危機的な内容が予測されない限りは，常に，話し手が「話したいことを話したいだけ話す」ということが優先されるべきである。それこそが，話し手に対する肯定的なリスニングだからである。

3 リスニングの約束事

(1) 時　　間

　リスニングにおいて時間の制限を設けることは，話し手と聞き手の両者にとって必要なことである。

　その理由については，以下に述べるカウンセリングの専門的技術が有用と思われる。

　"時間厳守（punctuality）"というのは，カウンセリングにおける時間を固守する習慣や特性である。

　まず，カウンセリングは，通常，完全予約制である。その多くは，延長になると次の予約者に差し支えがあるという現実的事由からである。相談者(クライエント)から事前連絡があった場合の時間変更は事情によっては考慮されることもある。しかし，基本的に時間延長はなく，無断の遅刻やキャンセルについては

料金が発生する。また，時間よりも早く来談する相談者(クライエント)の場合は，併設の待合場所や周辺で時間まで待ってもらい，約束した時間からしか始めない。約束時間より10〜15分前に着くというのは相談者(クライエント)の社会性の高さとして評価されるものである。しかし，カウンセリングが早めに始めることはないのである。

次に，カウンセリングは，1回50〜60分間というのが平均的な時間である。人の集中力には限界がある。カウンセラーは，すべての注意力を総動員して相談者(クライエント)の話を聞く。それは，精神的・身体的に非常に消耗することなのである。同様に，自身は気づいていないことが多いが相談者(クライエント)もかなり疲れている。時間内で聞き残したことは次回に聞くことにして，終了時間になったら次回の予約をして切り上げる。相談者(クライエント)とカウンセラーの間に信頼関係が成立しており，時間内に十分話ができたならば，話の途中で終了することになっても，相談者(クライエント)がカウンセラーに対して冷たい，そっけないといった否定的感情を持つことはない。むしろ，カウンセラーは，カウンセリングという非日常的な対話の場にいた相談者(クライエント)を現実に引き戻し，気持ちを切り替えられるような終わり方ができなければならない。

しかしながら，例外的に時間を延長することがある。たとえば，カウンセラーの休暇や個人的都合で長期間会えなくなるとき，相談者(クライエント)やカウンセラーに不幸な事情が生じたとき，カウンセリングを中断せねばならない事態や，カウンセリング終了時などがある。このような特別な場合に限り時間を延長して行なうことがあるが，それもせいぜい30〜60分間の

延長が限度であろう。

　一方，そういう特別な事情ではなく，カウンセラーが何となくあるいは必然的に終了できず時間が延びてしまうことがある。これは先述したように，カウンセラーの技量の問題である。このような誤った延長サービスは，その後のカウンセリングを複雑にしたり，相談者(クライエント)の情態を悪くしてしまうことがある。相談者(クライエント)は「ありがたいけれど申し訳ない」「そんなに自分は悪い状態なのか？」と戸惑いや不安を生じるのである。また，延長サービスの翌回で延長サービスがないと「この前はもっと聞いてくれたのに！」「この前はもっと親切だったのに！」と相談者(クライエント)に怒りの反応が生じてしまうこともある。このように，カウンセラーのそのときの気分や感情によって制限を外し，相談者(クライエント)に一層の心理的葛藤を与えるようなことは専門家としてあってはならないことである。

　これはすべての援助職従事者と被援助者の関係に観られる依存性の問題と繋がるものである。被援助者に対して過剰な援助を行うと，被援助者に「この人は無理を言ってもきいてくれる」「この人は自分を特別扱いしてくれている」という依存性を生じやすくさせるのである。過剰な援助というのは，援助職従事者のそのときの気分や感情で，往々にしてその場限りの，誤ったサービスを行なうことである。被援助者に依存性が生じてしまった場合，援助を継続するにあたって面倒なことが次々と起こってくる。たとえば，常識的には受け入れ難い被援助者の要求を聞き入れないと，怒りを露わにする，要求が聞き入れられるまで折れない，必要な援助を拒否する，来談や来所をしなくなるなどである。

以上のように，対人援助全般において，被援助者と援助職従事者の安定した関係を保つために時間厳守は専門的技術として必要な約束事なのである。

(2) 守　秘

"守秘義務（confidentiality）"は，対人援助職全般に適用されるものである。

援助職従事者は，リスニングで知り得た被援助者のプライバシーを守らなければならない。被援助者のプライバシーは最大限に守られ，被援助者が援助を受けていることやその内容，援助において知り得た被援助者にかかわるすべての情報を，被援助者本人の同意なくして決して外部に漏らしてはならない。

ここでは，カウンセリングにおける具体例や，実例から，守秘義務の及ぶ範囲について述べる。

たとえば，相談者(クライエント)の勤務する部署の上司から，「部下の○○君がカウンセリングを受けていると思うのだが，どういった内容を相談しているのか詳しく教えてほしい」という問い合わせがあったとする。「もともとカウンセリングを受けるよう勧めたのも自分だし，今後任せる仕事内容についても検討しなければならないので。休職が必要ならそれも考慮したいと思っている」という部下を思いやる親切な上司のようである。しかし，このような場合，内容はもとより，「部下の○○君」がカウンセリングを受けているかどうかも伝えることはない。同様に，相談者(クライエント)の家族や親戚から「家族（夫，妻や子どもなど）がカウンセリングを受けていると思うのだ

が，そのことについて相談にのってほしい」という問い合わせがあったとしても，相談者(クライエント)の承諾なくして返答することはない。また，承諾を得て家族や親戚の相談を受けることになっても，それは相談者(クライエント)とのカウンセリングの内容を詳細に伝えるということではない。一般論として，精神疾患や精神障害の説明や，心の悩みを抱える家族をどのように支えていくのがよいかなどについては，相談者(クライエント)の家族を支援(サポート)していくという視点から話すことはある。ただ，相談者(クライエント)から，上司や家族に対して自分の悩みや相談している内容を説明してほしいという依頼があった場合は伝えることがある。重要なポイントは，何らかの事情で相談者(クライエント)の情報を第三者に伝える必要が生じた場合は，その理由を相談者(クライエント)に直接説明して必ず"同意（consensus）"を得ることである。

　一方，個人情報の保護ということにあまりにも気を取られてしまうと，関連する部署や関係者との情報交換ができなくなるということが起こってくる。たとえば，文科省（11 守秘）[7]は，守秘について，相談者(クライエント)の個人情報を守るために相談内容を秘密にするということ，ただし命に関わること，他者または相談者(クライエント)自身を傷つける恐れのあること，犯罪に関わることなどはそのかぎりではないとしている。さらに，スクール・カウンセラーの場合は公務員としての守秘義務が適用されるため，学校内で知りえた情報を外部に漏洩(ろうえい)してはならないとされている。児童・生徒の家庭環境や生育歴などプラ

---

7) 文部科学省ホームページ
　http://www.mext.go.jp/a_menu/shotou/seitoshidou/kyouiku/shiryo/07103011/001/011.htm

イバシーに関わることをあちこちで公言するなどということは決してあってはならないことである。しかしながら，情報を関係者で共有することが相談者(クライエント)にとって有益な場合もある。

つまり，組織としての守秘義務が重要なのである（中島，2013）。対人援助職の現場においては，守秘義務について協議され，関係者間での情報交換を十分に行ないつつ，関係者全員が個人情報の保護に務めるという考え方が共有されていなければならない。もちろん可能な限り被援助者の了解を得ることはいうまでもない。

また，守秘できない例外もあり，以下が該当する。

・被援助者または第三者の生命が危険に晒される恐れがあると判断される場合。
・被援助者または第三者が虐待を受けている可能性が高く，直ちに対処しなければ本人または第三者の生命が危険に晒される恐れがあると判断される場合。
・被援助者が失踪または死亡し，被援助者の同意が不可能で，家族の同意が得られる場合。
・法令などにより開示が求められた場合。被援助者の権利が最優先されるが，警察署や裁判所など司法関係者から，捜査上必要であるとの正式な「令状」が提出された場合はそれに従う。
・被援助者の署名，捺印がなされた「情報提供依頼書」などが提出された場合。
・援助職従事者が，スーパービジョンを受ける場合。

「守秘義務契約書」を取り交わす専門施設もあり，守秘義務は，現代社会においては細心の注意が必要とされるようになってきている。

以下では，守秘義務の問題に一石を投じた一事件を紹介しよう。

タラソフ事件（タラソフ VS カリフォルニア大学理事会裁判：Tarasoff VS Regents of the University of California, Supreme Court of California, 1976）である[8]。

1976年，米国のタラソフ対カリフォルニア大学理事会の裁判において，カリフォルニア最高裁が下した判決が大きなニュースとなり，1970年代に論争を引き起こした，カウンセラーにとっては非常に深刻な事件であった。この判決は，カウンセラーは相談者(クライエント)がカウンセリングのなかで第三者に対する害意（暴力的行為などの可能性）を話した場合は，潜在的被害者への警告などを行う義務があるとするものである。

1969年8月，UCバークレー校の学生保健サービスにポダーという男子学生が訪れた。ポダーは精神病者で，失恋をしたという訴えだった。ポダーを担当したカウンセラーは，UCバークレー校コーウェル記念病院のムーア博士だった。ポダーは，失恋した女性は旅行中で，彼女が帰国したら殺すつもりであると話した。ポダーは女性の名前を伏せていた。しかし諸般の事情から，その女性がタチアナ・タラソフであることは，ムーア博士には容易に推測できた。ムーア博士は施設内で協議し，ポダーを入院治療させるべきと判断し，大

---

[8] http://homepage1.nifty.com/uesugisei/iryourinri.htm

学事務局にポターが殺人を犯す危険があることを伝えた。ムーア博士は，相談者(クライエント)(ポダー)の権利よりも潜在的被害者(タラソフ)を守ることを優先したのである。

一方，学内の公安担当者は，ポダーの身柄を拘束したものの，取調べでは理性的で「タラソフに近づかない」と約束したとしてポダーを釈放した。ムーア博士の上司は，ムーア博士にポダーのケース記録の破棄と，これ以上行動を起こさないよう命令し，相談者(クライエント)(ポダー)の権利を守ろうとした。タチアナ・タラソフとその家族には，彼女に危険が及ぶことは何も知らされていなかった。そして，タチアナ・タラソフは旅行から帰って間もない，1969年10月27日，彼女の家に行ったポダーに殺害されてしまったのである。

ここでは，カウンセラーに対して守秘義務と同時に，"警告義務（duty to warm）"が発生している。カウンセラーは，相談者(クライエント)の殺意がどの程度現実的なものであるかを判断しなければならないが，もし誤れば，相談者(クライエント)の名誉棄損になるかもしれない。「あいつをぶっ殺してやる」と言った人が必ずしも現実に行動を起こすわけではなく，多くの場合，現実的行動はとらない。その距離は人によって異なるものの，普通は，言葉にすることと，それを実際に行動することの間にはかなりの距離がある。また，たとえ危険が生じると予測できる場合であっても，その対処は難しく，方向を見誤れば安易な排除になりかねない。

タチアナ・タラソフが殺害された後，彼女の両親は大学の運営理事会と職員を相手取り潜在的被害者に危険を知らせるのを怠ったとして損害賠償請求訴訟を起こした。1976年，

カリフォルニア州最高裁判所は両親の訴えを認め，潜在的被害者に警告を怠るのは専門家として無責任であるとした。

　意見は二つに分かれた。多数派は，専門家たちには守秘義務が免除され，親に対して警告義務があるとしたものであった。カウンセラーは相談者(クライエント)だけではなく，相談者(クライエント)の犠牲になるかも知れない人に対しても法的義務を負うというものである。その義務は「最大多数の最大幸福」（功利主義）という観点から正当化された。一方，少数派は，このような場合であっても守秘義務を遵守するというものである。守秘義務を守らなければ相談者(クライエント)が治療を求めなくなるというものであった。

　タラソフ事件の判決の後，カリフォルニアの援助職従事者は，危険を予測し，危険を警告し，公衆を守る責任も負うことになった。守秘義務を相対的義務とする考えは医療当事者に浸透した。とはいえ，タラソフ事件の判決がアメリカ全州で支持されているわけではなかった。テキサス州最高裁判所は，1999年に，全員一致でタラソフ裁判が示した義務を却下している。この事件は，カウンセラーが敗訴した米国の判例だが，今なおこの事件と判決をどう考えるかについては，専門家（心理臨床家・法律家など）の間でも様々な意見がある。

　タラソフ事件以降，カウンセラーの守秘義務は絶対的なものでなくなり，限界があるというのが一般的な認識になっている。

---

9) 一般社団法人日本臨床心理士会倫理綱領
　http://www.jsccp.jp/about/pdf/sta_5_rinrikoryo0904.pdf

（社）日本臨床心理士会の倫理綱領では，以下のように定められている[9]。

> 第2条1（秘密保持）業務上知り得た対象者及び関係者の個人情報及び相談内容については，その内容が自他に危害を加える恐れがある場合又は法による定めがある場合を除き，守秘義務を第一とすること。

それでは相談者(クライエント)が自傷他害の恐れがあるときには，いつでも誰にでも話してよいのかというと，もちろんそのようなことはなく，情報開示に関して，日本臨床心理士会の倫理綱領は以下のように定めている。

> 第2条2（情報開示）個人情報及び相談内容は対象者の同意なしに他者に開示してはならないが，開示せざるを得ない場合については，その条件等を事前に対象者と話し合うように努めなければならない。（後略）

従って，現在のところは以下が，カウンセラーに求められる基本的態度と思われる。

①守秘に限界があることを，早い段階で相談者(クライエント)に説明し，理解を求める。
②自傷他害の可能性を示唆する相談者(クライエント)に対しては，その危険性の把握に努め，それに応じた適切な対応をとる。

> ③第三者に通報する場合には,可能な限り相談者(クライエント)と,誰に,何を,どのように伝えるか等を協議してから伝える。
> ④守秘より危険回避を優先させた場合も,可能な限り事後に相談者(クライエント)にその旨を説明する。

　守秘義務の問題は,対人援助職全般に起こり得るものである。被援助者との関係が順調なときは重大事のように感じられないかもしれない。しかし職業柄,何時でも,何処でも,誰でも危機的状況に遭遇する可能性はある。そのとき,最適な対応を援助職従事者一人ひとりが判断し,行動しなければならない。ここでは,カウンセラーの具体例や実例を示したが,対人援助職全般において,その専門性が問われるところなのである。

4　リスニングの実際

(1) 最初の聞き方

　リスニングにおいては,聞き手である,ということをまず意識する。具体的には,一生懸命に話し手の話を聞き,聞くことに徹するのである。話し手の邪魔をしないように,その話にとことんつきあうというのが基本である。

　聞くことに徹するというと,ひたすら受身的に聞くだけで,一切発言しないものと思われるかもしれないが,それは誤解である。ただし,聞き手の発言は,あくまでも話し手が

話したいことを話したいだけ十分に話せるためのものである。話し手の話の邪魔をせず、話し手の話を引き出したり、促したりするためのものでなければならない。

イメージとしては、あたかも民謡の「合の手」のように、歌い手の邪魔をしないように、歌の合間に「はあ〜、よいしょっと」「はあ〜、どうした、どした〜」といった具合に入れる。あるいは、餅つきの「返し手」のように、つき手と合わせてタイミングよく「えぃ」「ほっ」「えぃ」「ほっ」といった具合に入れるような発言だろうか。

このような息の合うタイミング（p.57「ターン・テイキング」参照）を、カウンセラーならば、相談者(クライエント)と最初の会話を交わすその時から要求されるのである。そこまでできなくとも、沈黙を含むすべての話し手の時間を妨げないということを心がけておくとよいだろう。

以下では、実践的な応答例をあげる。

話し手とは、初対面、以前から知っている、顔見知りであるなど様々な場合があるが、ここでは初対面での場合を想定している。

大事なことは、話し手がリラックスして話ができるような雰囲気を醸し出すこと、話し手をよく観て、落ち着いて始めることである。

まずは、挨拶から始める。しかし、挨拶をしなければならないということではない。また、相手が挨拶を返すとは限らないことも想定される。聞き手には、常にその場の話し手の雰囲気や状況に上手く沿っていくことが望まれる。

- 「おはようございます」
  「こんにちは」
  「こんばんは」
    (無表情や不機嫌な表情のみならず満面の笑顔もよくない。自然な笑みや表情がよい)
- 「どうぞ, おかけ下さい」
    (椅子などに座るよう促す)

次は, 自己紹介をする。

- 「私が担当の○○です」
  「私は○○と申します」
    (名前は, 一回で話し手に伝わるように, はっきり, ゆっくり言う)

さらに, 話し手の気分や体調について配慮する。

- 「気分はいかがですか?」
- 「大丈夫ですか?」
- 「続けてよろしいですか?」
    (顔色が悪かったり, 緊張しているような場合には話の途中で何度か尋ねる)
- 「気分が悪いときは, おしえて下さいね」
- 「決して無理しないで下さい」
- 「話したくないことは, 無理して話さなくていいので

すよ」

　以下は，カウンセリングでよく使われる，開始の表現である。

- 「では，どのようなお話しでしょうか」
- 「今日は，どういったご相談でしょうか」
- 「どうぞ，何からでも結構ですから自由にお話し下さい」
- 「何か，お困りのことがあるのですか」

　以下は，カウンセリングでよく使われる，方向性のある構造的表現である。

- 「どのような職場で働いておられるのですか」
- 「現在は，ご家族と一緒に生活されているのですか」
- 「普段は，どのような生活をされているのですか」
- 「では，あなたの学生生活について話していただけませんか」

(2) 用例と要点
1) 同意と促進
　相槌をうつなどして話し手の発言に対する同意を示し，話を促す。これによって聞き手が話し手への関心があるということを伝えることになる。相槌には話し手の話を邪魔したり，耳障りにならないような自然さが求められる（p.122「5)

肯定的なリスニング」参照)。

> - 「はい」
> - 「はあー」
> - 「ふむふむ」
> - 「うんうん」
> - 「わかります」
> - 「そうですか」
> - 「なるほど（ねえ）」

　一般的には,「話している人の目を見る」というのは他人の話を聞いている態度とされており, 子どもの躾には欠かせないものである。しかし, 初対面や緊張している話し手の場合, じっと目を見られていると話しにくいと感じることもある。聞き手には, ときどき目をそらしたり, 目の下辺りを見るなどの工夫が求められる。また,「他人の話をきちんと聞く」場合, 目だけを見て相槌をうつのではなく, 観察が重要なことは先述したとおりである (p.109「(2) 観察」参照)。

2) 感情を捉える

　まず, 話し手の感情が表れた言葉を聞き逃さず, 間違いなく捉えていくことが何よりも優先される。従って, 聞き手は, 話し手が自身の感情に向き合ったり集中したりするのを援助するような応答を行なう。たとえば, 話し手の感情が表現されている発言（○○）を捉えて, そのまま繰り返し反復する。また, 自分はどんな人間であるか, 自分をどのように

捉えているかといった自己概念を表す表現も，そのまま繰り返し反復する。このとき，「どうして？」「なぜ？」というような質問は積極的に行なわない。これらは感情ではなく，原因，理由や言い訳など思考に偏った理屈っぽい発言を促す傾向にある。思考に偏ると感情を見つめ直す作業から離れていく可能性が高いからである。

・「ああ，○○という気持ちなのですね」
・「○○というように感じているのですね」
・「○○という感じでしょうか」

"感情（feeling）"は，対象との関わりの中で経験する意識状態である。人は感情の動物であるといわれる。たとえば，綺麗なドレスを雑誌で見るのと，同じドレスを自分が着るのとでは全く「感じ」が異なる。経験を自分との関わりで「感じ」ることが難しい話し手の場合は，応答によって「感じ」を喚起することがある。「感じ」，すなわち感情の回復は，話し手が主体性を回復することである。

話し手が自分の感情に気づき，見つめ直すのはとても大切な作業であり，時間を要するものである。従って，聞き手が話し手の発言を促しても沈黙が続くことがある。このようなとき，聞き手は，執拗に発言を促し続けるのではなく，話し手が自ら話し出すまで見守りながら「待つ」ことが望ましい。

また，話し手が「気が重い」「くだらない」「ばかみたい」「別に…」などの表現をすることがある。これらは，まさに表現されたとおりの意味から，"比喩（metaphor）"として

使っているに過ぎないものまで様々な意味で受け取られる。このような場合は，より具体的な表現を引き出すために尋ね返すことがある。

- 「『気が重い』というのは，どういうことに対してですか？」
- 「『くだらない』というのは，何についてですか？」
- 「『ばかみたい』と言われたことについて，もう少し話してくれませんか？」
- 「『別に…』と言われたのは…？」

3）内容を理解する

話し手の話（○○）に対して，聞き手が意見を交えず，できるだけ話し手の使った言葉でそのまま反復していくと，話し手に自分が話していることが明確化される。しかし，型通りで機械的な応答をしているという印象や，バカにされているといった印象を与えかねないため，二度三度と連続して同じ箇所について繰り返すことはできない。

- 「なるほど，○○だったのですね？」
- 「つまり，○○ということが起こって，○○と思われたのですね？」

話し手の話（○○）の筋に沿って，聞き手が要約（◎◎）して返す。それは，聞き手と話し手の互いの理解を確かめ合いながらの作業になる。

> - 「ということは，◎◎ということですか？」
> - 「○○ということは，◎◎ということと理解してよろしいでしょうか？」
> - 「○○というようなことが，◎◎というふうに感じられているのですね？」

4）正確に受け取る

　話し手の話の内容に対する，聞き手の感情（の反射），体験，考えや解釈（●●）を表現する。話の中で話し手の感情が表現されていないときでも，聞き手には話し手の感情が直観的に伝わってくることがある（p.114参照）。話し手から感じ受けるものを素直に伝えることは大切な作業であり，話し手の状況判断や自己理解を促進するものでもある。この場合，押しつけがましくならないように十分に気をつけながら応答する。

> - 「○○は，私には●●のように感じました」
> - 「○○と言われましたが，私には●●のように思えるのですが…」
> - 「それは，●●と理解してよろしいでしょうか？」

　話し手の話の中に，専門用語や話し手独自の言葉などがある場合は，話を正しく理解するために尋ねなければならない。知らないのに知ったふりをして聞き流してはならない。知らないことを尋ねるのは無知や無能さを示すものではない

のである。

> - 「今おっしゃったことはどういう意味ですか？」
> - 「それはたとえば，どのようなことですか？」
> - 「○○のところがよくわかりません」
> - 「○○まではわかったのですが，そこからもう一度お願いします」
> - 「○○について，もう少し詳しく話してくれませんか？」

他人(ひと)の意見，考え，判断や感想については話しても，話し手自身の意見，考え，判断や感想については話されないときに尋ねる。聞き手が話し手に関心を持っていることを示すような表現を使う。

> - 「それで，あなた自身は○○についてどう思っていますか？」
> - 「○○について，あなたはどう感じましたか？」
> - 「他の人の話も参考になりますが，あなたの意見も聞かせてもらえませんか？」

このような場合，「あなたは他人のことは話しますが，自分の考えや意見は何も話しませんね」といったような，話し手が「責められている」「非難されている」と感じるような応答をしないよう注意しなければならない。

5) 問題解決の促進

　話し手の話の内容や言葉を拾って繋ぎあわせるようなイメージで行うとよい。助言をしなければならない，問題を解決しなければならないための発言ではない。聞き手の指導的発言が前面に出てくると，途端に問題の本質を見逃し，聞き手の自己満足に終わることになりかねないのである。

> ・「つまり，（あなたが言われたように）少しお休みした方がよいのでしょうか？」
> ・「何を言っても『仕方がない』と『諦める』ということですね？」
> ・「（あなたが言われたように）嫌なことは『無理しない』方がいいかもしれませんね？」

6) 沈黙と停滞

　話が始まってからの難しいのは，途中で話が止まったり，沈黙が続くときである。聞き手は，また話されるのを「待つ」のがよいのか，話を促進すべきか，あるいは聞くのを止めた方がよいのか判断しなければならない。このようなとき，まずは話し手のどのような話にも関心があること，「話したいことを話したいだけ話せばよい」ということを態度や言葉で伝えることが大事である。

> ・「このまま続けてもよろしいですか？」
> ・「少し休んだ方がいいですか？」
> ・「今は話したくないということであれば，無理しない

> 　で下さい」

7) 終　　了

　話し手が熱心に話し続けている場合は，ある程度話の区切りを待ってから終了を告げる。

> ・「では，時間ですから」
> ・「時間になりましたので，今日は終わりにしましょう」

　話し手の話が中々終わらない場合は，途中で話を中断することもある。初学者の場合，一生懸命に話している話し手を傷つけてしまうのではないか，涙ながらに話しているのに残酷ではないかと思うかもしれない。しかし，話し手の気が済むまで延々と聞き続けることは物理的に不可能であり，多少時間を延長したとしても，いずれにせよ終了しなければならないのである。また，それらは聞き手の不安であり（p.73「6) 恐れと不安」参照），従って聞き手の事情で時間の枠組みを守らないのは好ましいことではない。中断は，話し手に対して現実認識を促すためでもあり，心理的打撃や失望を与えるものではない。

> ・「話が途中になりましたが，時間になりましたので」
> ・「次回，この話の続きを聞かせて下さい」

IV

生活のなかのリスニング

1 基本は常識的対応

(1) 日常的コミュニケーションから ―保育士の例―

　対人援助の仕事において，有用で実用的なリスニングについて，より具体的に説明しよう。

　まず，援助職従事者の日々の生活のほとんどの時間は，仕事に費やされており，仕事場でのコミュニケーションが日常のコミュニケーションの大半を占めている。従って，「生活のなかのリスニング」や「日常的コミュニケーション」というのも，プライベートな時間を意味するものではなく，あくまでも援助職従事者としての職務時間内でのものである。

　また，ここでは可能な限り具体例をあげて述べる。従って，対人援助職といっても様々だが，職種に偏りがあることをお断りしておく。とはいえ，リスニングの重要なポイントとしているところは対人援助職全般に共通のものであるので，各々の職種や立場に置き換えて役立てることは十分に可能であると思われる。

　さて，カウンセリングにおいては受容や共感といった心理学的概念が重要視されるが，それはそこが特殊で非日常的な場だからできることである。普段の生活の中で，いつもかも受容や共感が必要とされているわけではないし，できるわけでもない。

　対人援助の仕事においては，ごく当たり前の常識的対応が十分条件なのである。

　たとえば，ある保育園で，朝の登園でドタバタと忙しくし

ているなか，日頃，自分からは話しかけてこない保護者Aさんが，突然，B保育士に話しかけてきたとする。

> Ａ　さ　ん：「あの…遠足の日程が決まっていればおしえて欲しいのですが…」
> Ｂ保育士：「は？　今ちょっとバタバタしているので」
> Ａ　さ　ん：「あ…すみません…」
> Ｂ保育士：「えっと，ちょっと，わからないですね」
> Ａ　さ　ん：「あ…そうですか…」

この対応例は，B保育士の方から，せっかく自分から話しかけてきたAさんの話を切ってしまっているので，忙しいとはいえ，よいとはいえない対応である。

では，次の対応例はどうだろう。

> Ａ　さ　ん：「あの…遠足の日程が決まっていればおしえて欲しいのですが…」
> Ｃ保育士：「あ，遠足の日程ですか。早くお知りになりたいというのは，何か不都合や問題でもあるのでしょうか？」
> Ａ　さ　ん：「問題…というほどでは…」
> Ｃ保育士：「いやいや，それは別にかまわないのですよ。でも何か困ったことがおありなら，先にお話をうかがった方がいいかと思いまして」
> Ａ　さ　ん：「あ…いや…そんな…別に…」

このC保育士の対応も，Aさんの質問には全く応えずに，まるでリスニングの押し売り（p.122「5）肯定的なリスニン

グ」参照）をしているようで，あまりよくない例である。
　では，次の対応例をみてみよう。

> Ａさん：「あの…遠足の日程が決まっていればおしえて欲しいのですが…」
> Ｄ保育士：「あ，おはようございます（笑顔）！　次の遠足の日程ですか？」
> Ａさん：「あ…はい」
> Ｄ保育士：「今ちょっとわからないので，おむかえのときまでに調べておきますけど。それでも大丈夫ですか？」
> Ａさん：「あ…はい」
> Ｄ保育士：「私から声かけしますが，もし気づかなかったらお声がけ下さいね」
> Ａさん：「あ…すみません。わかりました」

　この対応例のポイントは，Ｄ保育士が，まず最初に笑顔で挨拶をしていることである（p.33／p.106「（1）最初の出会い」参照）。日頃，自分からは話しかけてこないＡさんが話しかけてきたのである。それに対してＤ保育士は，（誰にとっても）気持ちの良い挨拶をするという常識的であり，かつ肯定的態度で受け応えしている。そして，今は応じられないこと，その対処までを端的に伝えているのである。
　このように，日常的コミュニケーションでは，普通，親切，明快に対応すればよいのである。いわば，ごく当たり前の常識的対応で十分なのである。
　とはいえ，援助職従事者の職場は多忙であるのが常であ

る。仕事に忙殺されてフラフラ状態のとき，頭が混乱しているとき，あるいは気分が悪いときや体調がすぐれないときもあるだろう。そして，そのようなときに限って，無作法だったり，ぶっきらぼうな調子で話しかけてきたり，質問してくる被援助者にタイミング悪く出くわすことがある。そこでは，この普通，親切，明快な対応が難しくなってしまうことがある。

> Ｅさん：「ねえちょっと，遠足の日程決まってる？　こっちも予定あるし」
> Ｂ保育士：「はっ？」
> Ｅさん：「だから，わからないの？」
> Ｂ保育士：「えっ…今ちょっとバタバタしているので」
> Ｅさん：「大体いつ頃かくらい，わかるでしょ」
> Ｂ保育士：「えっと，わからないですね」
> Ｅさん：「えーっ，わからないの？こっちも準備とかあるのに！」
> Ｂ保育士：「ちょっと…バタバタしているので…（不快が露わな表情）」

　日常的コミュニケーションでは，普通，親切，明快な対応が，いつでも，誰に対してもできるという，ごく当たり前の常識的対応で十分である。しかし，それはそう簡単でもないのが現実なのである。

(2) 援助職従事者としてのリスニング　—保育士の例—

　では，普通，親切，明快な対応が，いつでも，誰に対して

もできるようになるためにはどうすればいいだろうか。

　まず、援助職従事者自身が、自分の性格（p.49「2　自己理解の促進」参照）、その日の自分の情態や体調などを熟知していることである。たとえば、自分はどうも権威的に被援助者に接する傾向がある、被援助者の話を聞くのにせっかちなところがあるとか、自分の傾向や癖に気づいていることである。また、朝からイライラしているといったその日の情態や、風邪気味で頭痛がするなどの体調をわかっていることである。それは案外難しいことであるが、自分のことをよく知り意識することで、被援助者への対応は随分違ってくるのである。

　たとえば、やや荒れていたある中学校の担任教師が朝のホーム・ルームで、「夕べは遅くまで仕事していたから、今日は寝不足で体調も悪い。だから、何か問題起こすのはやめて欲しい」と生徒に向かって言った。すると、その日は見事に何もなく平和な一日だったのである。生徒間の特別な協力体制は見られなかったが、生徒なりに担任教師を気遣ったのだろうか。いずれにせよ、このようなことが起こるのである。

　次に、援助職従事者は、自分のものの見方や考え方を知っておく必要がある。被援助者を理解するためには、被援助者をよく見て、話をきちんと聞かなければならない。しかし、人はつい自分の枠組みで見たり聞いたりしてしまうからである。

　たとえば、ある保育園で、G子ちゃんへの対応について話していた保護者Fさんが、ふと自分のことを話したとする。

> Fさん:「私…G子のこんなこと…相談できる親しい友達っていうのがいないので…」
> C保育士:「あ…そうなんですか。親しい友達がいないっていうのは寂しいですよねえ」
> Fさん:「…」
> C保育士:「園で、お母様同士のお友達ができるといいですね」
> Fさん:「…」

 この対応例は、一見、普通、親切だが、ポイントを外している可能性が多々ある。C保育士の応答には、C保育士自身が「親しい友達がいないのは寂しい」「親しい友達がいないのは楽しくない」「親しい友達が欲しいはずだ」と思っていることが反映されているからである。つまり、C保育士の価値観でFさんの言葉を受けてしまっているため、Fさんの「親しい友達がいない」という言葉が否定的に捉えられてしまっているのである。しかし、Fさんがそのように思っているのか否かは、これだけの会話ではまだわからないのである。
 ここでのFさんは無言だったが、もし反論したならどうだろう。

> ・「いや、寂しいとか…そんなことは…ないんですけど」
> ・「別に…（憤慨している様子で）親しい友達が特に欲しいというわけではないのでっ！」

 このような言葉がFさんから返ってきたら、普通、親切に対応したつもりのC保育士と食い違いが生じ、その後の

会話がギクシャクしてしまうのではないだろうか。あるいは，Fさんのように賢明な保護者は後々のことを考えて反論せず，C保育士の親切心に抗わず「当たり障りのないお母さん」になってしまうかもしれない。すなわち，必要なことも何も話してくれなくなるかもしれないのである。

リスニングには自己理解が不可欠であることは，「Ⅱ.2. 自己理解の促進」で述べたとおりである。援助職従事者は，自分の見方や考え方の癖や傾向，そのつどの情態や体調，それらを十分にわかったところで，眼前の被援助者を理解できる準備が整うのである。

F さ ん：「私…G子のこんなこと…相談できる親しい友達っていうのがいないので…」
D保育士：「あ…そうなんですか。私でよければ，G子ちゃんのことで何か心配なことがあればいつでもおっしゃって下さいね」
F さ ん：「はい。ありがとうございます」

この対応例のポイントは，まず，D保育士が援助職従事者（保育士）としての援助の第一対象者は誰か（子ども）ということを毅然とした態度で伝えていることである。そして，保護者の友人関係については援助の対象外なのでそこには触れていない。しかし，子どもについての相談は専門家として「いつでも」対応するとしているのである。

2 日々，紡がれる関係

(1)「ねぎらい」と「確実に繋ぐ」こと ―保育士の例―

誰でも，心配事，不安や悩みがあるときは他人(ひと)に話を聞いて欲しいという気持ちに，多かれ少なかれなるだろう。被援助者も同じである。もし，援助職従事者が，日頃から親しみやすく声がかけやすい雰囲気や態度で被援助者に接していたならば，被援助者は心配事，不安や悩みがあるときには話を聞いて欲しいと相談しに来てくれるだろう。

しかし実は，心配事，不安や悩みがあるときだけ来てくれるよりも，常日頃から何気ない会話や雑談ができる関係であることの方が大事なのである。心配事，不安や悩みの相談として改まって来たときには，すでにかなり深刻な状態にまでなってしまっていることが少なくなく，自分一人が聞いたくらいでは解決できない場合もある。

たとえば，ある保育園で，日頃，誰とも話をすることのない保護者Hさん（20代前半）が切羽詰った表情で「話したいことがあるんですけど」とI保育士（20代前半）に言ってきたので，別室で話を聞くことになったとする。

> I保育士：「Hさん，どうされました？」
> Hさん：「いや…あの…前に…子どもの青あざ…のこと…聞かれた…んですけど…」
> I保育士：「あ…はい，はい」
> Hさん：「あのとき…何でもないっ…て」

> I保育士：「はい。ころんで家具にぶつかったって…」
> Hさん：「…本当は…」
> I保育士：「…？」
> Hさん：「私，子ども…好きじゃない…」
> I保育士：「…えっ…」
> Hさん：「…私…がっ…突き飛ばしたんです！」
> I保育士：「…」

　このような虐待が疑われるような告白が面と向かってなされるのは，実際には珍しいかもしれない。おそらくI保育士が保護者の送迎の際に，園児の「青あざ」に気がついて，そんな深刻なこととは思わずに尋ねていたのだろう。Hさんは藁をもすがる思いで助けを求めたのかもしれない。しかし，まだ若いI保育士にとっては応答どころか茫然とするしかない事態だったかもしれない。

　このような場合の対応例のポイントは，第一に，「ねぎらい」である。

> I保育士：「…そうだったのですか。よく，話してくださいましたね」

　第二に，自分一人で対応できないことは抱え込まず，次に「確実に繋ぐ」ことである。自分の力量から考えて到底対応できるわけがないことをわきまえ（p.174「2) わきまえる」参照），上司に相談させて欲しいとお願いするのである。

> I保育士:「せっかく話してくださったのに,私が間違ったことをしてしまってはいけないので,園長先生に相談させてもらってもよろしいですか? 私と一緒に園長先生に話を聞いてもらうというのはどうでしょうか?」

　常日頃から何気ない会話や雑談ができる関係作りは,援助職従事者の専門的技術のひとつとしてもよいかもしれない。何気ない会話や雑談では,被援助者の本音や意外な事実がポロッとこぼれることが多々ある。従って,深刻な事態に至る前に助言や対処が可能になるのである。

　たとえば,ある保育園で,Jくん(4歳男子)がそばにいたKくん(2歳男子)を大した理由なく叩いたり蹴ったりすることがあったとする。担当のD保育士は母親と日常的コミュニケーションがとれていたので,Jくんの母親が妊娠中から体調が悪く難産であったこと,出産後も体調がすぐれずJくんにまで手がまわらないことを,母親から聞いて知っていた。D保育士は同僚と協同してできるだけJくんと身体接触も含めて関わるよう務めた。そして,迎えに来た母親にJくんの様子とその対応を伝えた。母親はKくんの母親に謝罪したが,それを見ていたJくんを叱ることはなく,Jくんの頭をなでた後,手をつないで帰って行った。翌日,Jくんはいつもの温和なJくんに戻っていた。

　一方,保護者の中には,自分から話しかけてこないAさんや,誰とも話すことのないHさんのような人もいる。お

となしい，内気，非社交的，消極的，無口な性格だったり，世間話や無駄話（と思っている）が苦手で嫌いな保護者もいるのである。このような保護者は保育士が話しかけても会話が続かず日常的コミュニケーションが難しい。しかし，保育士の方から「信号」を送り続けることは可能である。日常的コミュニケーションは，普通，親切，明快な対応である。誰にとっても気持ちのよい挨拶，これが標準水準(レヴェル)である。ここから少し水準(レヴェル)を上げるとすると，たとえば，日頃から子どもや保護者をよく観察して，肯定的な変化を保護者にさり気なく伝えるのである。

子どもについての保育士の対応例としては，以下のようなものがあげられる。

・「G子ちゃん，ピーマンをおいしいって言って食べてましたよ」
・「Jくんが自分からKくんが遊んでるところに行って，ごめんねって言ってましたよ」

保護者についての保育士の対応例は，以下のようなものがあげられる。

たとえば，日頃，自分からは話しかけてこない保護者のAさんが髪を短く切っているのに，D保育士が気づいたとする。

D保育士：「あら，髪を切られたんですね（笑顔）」
A さん：「えっ。…はあ…まあ」
D保育士：「似合ってらっしゃいますね」

> Aさん:「…そんなこと…(赤面)」
> D保育士:「私も髪切ろうかなあ。すっきりします？」
> Aさん:「長いより…楽ですけど」
> D保育士:「そうですよね。シャンプーとか楽ですよね。いいなあ」
> Aさん:(笑顔)

親しい友達がいないと呟いていたFさんが，ある日，明るい色のワンピースを着ておしゃれしていたとする。G子ちゃんが嬉しそうに，D保育士に母親が友人とランチに出かけることをおしえてくれる。

> D保育士:「素敵なワンピースですね(笑顔)。G子ちゃんが，今日はママがお友達とお出かけするって言ってましたけど」
> Fさん:「いやだわ。G子ったら。…はい…あの，大学のときの友人と久しぶりに会うことになって…」
> D保育士:「そうなんですか。楽しんで来て下さいね。G子ちゃんが，ママ，きれいって」
> Fさん:「うふふ(笑顔)。そうですか」

いつも不機嫌な様子でキツイ口調のEさんが，子どもら(3歳と4歳の男子)を怒鳴りつけながら帰り支度をしているところに，D保育士が声をかける。

> D保育士:「手伝いましょうか？」
> Eさん:「もう終わったから。(子どもに向かって)ちょっ

> 　と，止めなさい！　もう帰るって言ってるでしょっ！　ほんとに，もうっ，アイツら，じっとしてない！」
> D保育士：「年子の男の子二人は本当に大変ですよね」
> Eさん：「疲れるわ！」
> D保育士：「私，無理かも（笑いながら）」
> Eさん：「私もよ！　ホントに（少し笑いがもれる）」
> D保育士：「お疲れ様です（頭を下げる）」
> Eさん：「…仕方ないわ。母親なんで」
> D保育士：「お仕事もして」
> Eさん：「先生も，でしょ？　いつも迷惑かけて」
> D保育士：「いえいえ。かわいいお子さんたちですよ」
> Eさん：「ホント〜？（笑いながら）」
> D保育士：「ホントですよ（笑いながら）」

　これらの対応例のポイントは，最後は保護者を笑顔にするところである。D保育士が，保護者の髪型や服装の変化に気づいたり，さり気なく褒めたり，少し気持ちに寄り添っただけなのだが，保護者はD保育士に親子共々が援助してもらっているような温かい気持ちに包まれるのである。このような些細なやりとりで生じた笑顔，すなわち気持ちの良い会話が，日常的コミュニケーションが円滑に交わせるきっかけになるのである。また，日常的コミュニケーションも同様に，大した内容ではない，ちょっとした短い会話で十分なのである。日々の生活の中でのそういった積み重ねが気軽に言葉を交わしたり，深刻な問題に至るまでに話ができる関係を築くことになるのである。

このような日常的コミュニケーションは，被援助者を正しく理解し，適切な対応や援助をするためのものである。被援助者の問題を解決して正しい道に導くことが目的ではない。

　熟練の援助職従事者の陥り易い落とし穴というのがある。以前にも同じようなタイプの被援助者がおり，そのときに対応した方法が上手くいったので今回もその方法でよいだろうと安直に考えてしまうことである。特に何らかの助言が効果を及ぼした場合は，まるでそれを言えば済むように思ってしまう。そのような場合に限って，その助言が却って逆効果になったり，説得すればするほど被援助者の方が引いてしまうということがある。柔軟な考えや対応策はもとより，一人ひとりの被援助者を正しく理解するための日常的コミュニケーションをおざなりにしてはならないのである。

(2) 援助職従事者のタイプとチーム・ワーク　—看護師の例—

　被援助者が援助職従事者に求める関係には，3つのタイプがあるとされている。

　第1は，受容的，保護的で，優しく接してくれる，母性的な関係である。
　第2は，明確な指針を与え，進むべき方向にリードしてくれるような，父性的な関係である。
　第3は，対等な関係で，同じように悩みながら生きている，人として理解し合えるような，友人的な関係である。

　同様に，援助職従事者の側にも，自分がどのように被援助

者に応じたいかというタイプがある。

　第1は，受容的，保護的で，優しく対応したい。
　第2は，「〜しなさい」，「〜という解決法がある」と進むべき方向や解決策を指示したり，教育的に対応したい。
　第3は，「私も同じようなことで悩んだことがある」と，同じ人間として自分の経験や思いを打ち明けつつ，対等で人間的に対応したい。

　被援助者が求める関係のタイプと援助職従事者の対応が上手く合致する場合のコミュニケーションは円滑だろうと思われる。しかし，いつも合致するとは限らない。タイプが合致しない場合や，もともと相性が合わない，どうも好きになれない，といった場合もある。
　まずは，当該被援助者が求める関係を正しく見極めなければならない。そして，援助職従事者の（普段からの）対応と合致すれば，コミュニケーションは上手くいくはずである。
　他方，被援助者が求める関係が援助職従事者の（普段からの）対応と合致しない場合，援助職従事者が被援助者の求めるタイプでコミュニケーションをとる自信があり，対応できるというのであれば，やってみる価値はあるかもしれない。
　しかし，それ以外の場合はどうするか。
　援助職従事者の職場におけるチーム・ワークが必要となる。
　普通に考えて，一人の人間が3つのタイプをやりこなすのは大変である。従って，たとえ自分が援助担当者であっても，被援助者にとって相性のいい援助職従事者（＝同僚）が

実際は担当することがあってもよいという，そういう場合もあり得るという，チーム・ワーク（協働作業）がそこに存在するか否かが鍵となる。互いに任せたり，任せられたりできる，融通のきく，風通しの良い職場の人間関係が，被援助者を援助する土台として存在するか否かということである。

看護師は，燃えつき症候群などによる離職率が高いことで知られている（土居，2000）。人員不足による過剰労働といった物理的問題も多いだろう。それでも職場の人間関係が円満な場合は，チーム・ワークで持ち堪えることは可能かもしれない。

まず，看護師によくある傾向としては，悩み事などがあっても自己処理および自己完結することである。具体的には，「他人に相談する前に自分でよく考えたい」「自分で結論がでてからでないと他人に相談しない」といった傾向である。つまり，上司や同僚に相談する際には，もうすでに自分の答が出ていたり決心がついているのである。これでは相談ではなく報告である。離職についても，「相談する」というときにはすでに辞めると決めてしまっているので，もはや止めることはできないのである。

以上のような傾向は，看護師という職業に依るところもあるかもしれないが，職場の人間関係に依るところも大きいのではないだろうか。「大丈夫？」「手伝わなくていい？」「ごめん，ちょと助けてくれる？」「あとで聞くから」といった，ちょっとした声かけが交わされているか。笑顔のある気持ちの良い日常的コミュニケーションが円滑に行なわれているか。互いに任せたり任せられたりできる融通のきく職場か。

こういった職場環境でなければ,「相談する」という気持ちになるのは難しいかもしれない。

また,看護師に限らず女性全般に多い傾向として,チーム・ワークについての根強い「誤解」がある。ここで述べているのは,援助職従事者の職場におけるチーム・ワークである。あくまでも,「チーム・ワークとは,職業上必要な程度の良好な関係を指す」ものである。仕事場での円滑なコミュニケーションを目的とするものである。プライベートなことから何から何まで全てさらけ出して「皆で仲良くならなければならない」というものでは決してないのである。この「誤解」は年齢,職業に関係なく根深くはびこるものである。

たとえば,ある介護福祉士の職場研修会で,60代の女性が,講師に「相談がある」と来たとする。その職場では10名ほどの40〜60代の女性が介護福祉士として働いている。日によって,ペアになったりグループになったりし,シフト制である。60代の女性は涙ながらに講師に訴えた。「職場で上手くやっていくためには,家族のことも身内の事情も何もかも話さないといけないのでしょうか？ あなたは自分のことは何も話さないって言われて…」と,少々いじめを受けているらしい。これは,講師には超難問だった。どう応えるのが正解なのだろう。この「皆で仲良くならなければならない」現象の抜本的解決策はあるのだろうか。紙数の関係上,今後の課題にしたい。

さて,対象が被援助者であれ,同僚であれ,いずれにせよ,ちょっと話を聞いたからといって,問題が改善したり解決したりするようなことはない。リスニングは誰にでもすぐに効

く特効薬でもなく，秘策でもないからである。問題は一日にしてならず，である。リスニングに至るまでの時間のなかで徐々に現状のようになったのだから，魔法が解けるようにパッと変わるというのはあり得ないことである。仮に，十分話を聞いた後，ある言葉をかけたことで目から鱗が落ちるようなことがあるとすれば，それはその言葉がとてつもなく素晴らしかったというよりは，言葉を受け取った被援助者や同僚の側にその"準備（レディネス／ readiness）"があったということである。言葉は単にきっかけとして作用したに過ぎないのである。

3 異例の場合

(1) 良識的対応 —教師の例—

　日常的コミュニケーションにおいて稀ではあるが，「普通ではない」「何か様子がおかしい」「何か特別な問題を抱えているのではないか」と気づく敏感さが求められる場合や，それについて早急に対応しなければならない場合がある。これは常識的対応では不十分である。また，被援助者が何をしに来たか（雑談しに来た，相談があると来たなど）ということではなく被援助者がどのような様子で来たかということも加わり，その取り扱いが非常に難しい場合が多い。

　たとえば，「躾」というキー・ワードから，その例をあげてみよう。

　ある小学校の保護者面談での，2年生の男子児童の保護者Lさんと M 先生の会話である。

> Lさん：「…言ってもきかないときがあって…つい…手が出たり…することもあって…」
> M先生：「叩いたりするということですか？」
> Lさん：「だめって思うんですけど…」
> M先生：「それは，よく…？」
> Lさん：「毎日ってことでは…。父親がいるときは言うこときくので。…怖いみたいで」
> M先生：「なるほど」
> Lさん：「私の言うことは，ほんとうにきかなくって」
> M先生：「では，お父さんがいるときに叱ってもらいましょうか」
> Lさん：「毎日，帰ってくるのが遅くて…」
> M先生：「言うこときかないのならお父さんに叱ってもらうわよ，と言ってみては？」
> Lさん：「ああ…そうですね。それは…効きますね」

以上のような場合は，常識的対応や経過観察でよいかもしれない。

しかし，以下のような場合は，どうだろう。

ある小学校の保護者面談での，2年生の男子児童の保護者HさんとM先生の会話である。

> M先生：「実は，最近，周りの席の子がHくんの臭いが気になると言っているのですが…。Hくん，お風呂は…お母さんと一緒に入っていますか？」
> Hさん：「…いいえ…自分で入っているので…。私は下の子

> 　　　　と入るし…」
> M 先生：「ああ，一人で入っているのですね。髪とかちゃん
> 　　　　と洗えているのかなあ？」
> H さん：「…さあ…」
> M 先生：「毎日入っているのは確かですよね」
> H さん：「…」
> M 先生：「実は，私も臭いがちょっと気になって。H くんに
> 　　　　も聞いてみたのですが…答が曖昧だったので」
> H さん：「あの子が自分でしてるし。私は…下の子もいて…
> 　　　　もう…いっぱいいっぱいなんで！」
> M 先生：「…」

　H さんのような保護者は，育児に疲れ果てていたり，子育ての意欲を失っていたり，そういったことを相談することもできずどうしようもなくなっていることが考えられる。また，保護者自身の精神病理や精神障害なども考慮しながら聞いていかなければならない場合もあり，難しい例である。

　次は，2 年生の男子児童の保護者 N さんが担任の M 先生に「おりいって，相談したいことがあるのですが」と来談した場合の会話である。N くんは，母親の N さんと再婚した男性と三人で暮らしているが，最近少し元気がないので M 先生も気になっていたところだった。

> M 先生：「ご相談というのは？」
> N さん：「あの…夫の教育方針が，私とちょっと違うので…」
> M 先生：「教育方針…ですか」
> N さん：「…はい。男の子だから厳しくしないといけないっ

　　　　　　　て」
M先生：「はい」
Nさん：「厳しいというか…怒鳴るのは…日常茶飯事…なん
　　　　ですが，けっこう…手も出るので」
M先生：「叩いたりする…ということですか？」
Nさん：「叩いたり…蹴ったり」
M先生：「う～ん。そんな…蹴られるような悪いことをNく
　　　　んがしたのですか？」
Nさん：「食事中に，うっかり牛乳をこぼしたんです。…で，
　　　　行儀がなってないって」
M先生：「手が出るとおっしゃったのも，いつも…そのよう
　　　　な理由ですか？」
Nさん：「ええ…。私が口を出すと，オマエがそんなだからコ
　　　　イツがだめなんだって怒鳴られてしまって…」
M先生：「自宅でのNくんの様子はどうですか？」
Nさん：「何を怒鳴られるかわからないのでビクビクして
　　　　…。叩かれると泣くので，また怒鳴られて，叩かれ
　　　　て…（涙声）」
M先生：「…」

　これは虐待が疑われる相談の場合である。
　当然のことであるが，被援助者は，悩みを話したり相談したりする相手を選んでいる。酷く混乱している場合は別として，大抵の場合は日頃からの人間関係，以前に会ったり相談したりしたときの印象，周囲からの情報などから判断して，相談する相手を厳選しているのである。従って，被援助者の意志を尊重するという意味でも，まず，援助職従事者は自分が被援助者に選ばれた人であるということを大事にしなけれ

ばならない。まずは、最初の相談相手としてじっくり話を聞くのである。急な来談などで時間が取れない際には、日時の約束をして「必ず聞く」ことを伝える。大急ぎでそそくさと済ませたり、他人(ひと)に代わりを頼んだり、たらい回しにするようなことは決してあってはならない。被援助者は、関係を裏切られたような救い難い気分になってしまうからである。内容が深刻であればあるほど、誠意のない対応は命の危険さえまねくことがある。しかし、じっくり話を聞いた上で、さらなる援助が必要だと判断される場合は、自分一人でむやみに抱え込まず、適切な対応をしなければならない。被援助者の話をきちんと聞き、よく話し合って、同意のもとに、適切な援助に「確実に繋ぐ」ことが最も重要なことである。

(2) 常識的対応を超える場合

相談のために来ているはずの被援助者が、雑談に終始したり、本題と関係あるのかどうかわからない末梢的なことや表面的なことばかりを話して、中々本題に入らない場合がある。しかし、このように本題周辺をぐるぐる回っているような時間が被援助者に必要なときがある。信用できるか、プライバシーを守ってくれるか、責めないかなど、援助職従事者を探っている時間なのかもしれない。あるいは、迷いや羞恥心に囚われて話すことをためらっているのかもしれない。援助職従事者は、とりあえず被援助者が話し出すまでじっと待っていればよい。常識的対応の範疇か否かは話が始まるまで確信できないことが多いのである。

相談が始まり被援助者が話し始めると、援助職従事者はそ

の異常な様子に気づくことがある。かなり憂鬱そう，泣いてばかり，落ち込み方が尋常ではない，不安で落ち着かない，急に怒り出す，話していることがさっぱり要領を得ない，つじつまの合わない話をする，奇妙ことを口走る，死んでしまいたいと嘆くなどである。このような様子を目の当たりにすれば，援助職従事者は普通でない事態だとわかるだろう。

しかし，常識や感性（p.113参照）ではわかりにくい場合がある。

自らの意志ではなく家族などに促されて，仕方なく，嫌々，あるいは無理やり相談に来たような場合である。でも，内心はわかってほしいと思っている被援助者もいる。そして，それは援助職従事者に何となく伝わってくる場合が多い。一方，わかってほしいという様子が全く見られず何も伝わってこない被援助者には，援助職従事者にもわかりにくい場合が多い。あるいは，常識的対応では埒が明かないという勘がはたらくことがある。援助職従事者は，相談に来た被援助者の問題が大きくなってしまったり，対応が遅れてしまうことのないよう，精神病理や精神障害などの知識をある程度は持っておく必要があるだろう。

常識的対応を超える被援助者は，以下の4つのタイプが該当する。

第1は，統合失調症（あるいは統合失調症が疑われる場合）の被援助者である。思考内容の障害から注察妄想が生じて，自分の意図とは無関係に，あるいは意図と反して自分のことがすでにわかられていると思い込んでいる。「近所の人が，いつも自分を見張っている」「盗聴されている」「カメラで監

視されている」など常に誰かに見張られていると訴える。

　第2は，妄想（あるいは妄想が疑われる場合）の被援助者である。実際に取り調べたわけではなく証拠もないが，一般的にわかるはずのないことを自分ではわかっていると思い込んでいる。主たる妄想は次のようなものがある。

- 被害妄想：他人に嫌がらせをされていると思い込む。
- 関係妄想：周囲の出来事をすべて自分に関係があると思い込む。
- 追跡妄想：誰かに追われていると思い込む。
- 心気妄想：重い病気に罹っていると思い込む。
- 誇大妄想：実際の状態よりも，遥かに裕福，偉大などと思い込む。
- 宗教妄想：自分は神だ，などと思い込む。
- 嫉妬妄想：配偶者や恋人が浮気をしているなどと思い込む。
- 恋愛妄想：関係のない異性であっても愛されていると思い込む。
- 被毒妄想：飲食物に毒が入っていると思い込む。

　第3は，双極性障害（あるいは双極性障害が疑われる場合）の被援助者である。双極性障害は，躁状態（躁病エピソード）および鬱状態（大鬱病エピソード）という病相を繰り返す精神疾患で，気分障害のひとつとされている。統合失調症と並び，二大精神疾患とされている。躁鬱病，双極性感情障害といわれることもある。双極性障害の人は，自分のことは誰に

もわからないと思い込んでいる。

　第4は，精神病質（あるいは精神病質が疑われる場合）の被援助者である。精神病質（サイコパス：Psychopath）とは，反社会的人格の一種を意味する心理学用語で，主に異常心理学や生物学的精神医学などの分野で使われている。逸脱した性格（冷酷，エゴイズム，感情欠如）などが主な特徴で，反社会的行動により社会規範を犯すこともあるが，大部分は凶悪犯ではない。異常人格者で，自分のことを誰にもわかられたくないと思っている。

　常識的対応を超える被援助者と判断した場合も，必ず被援助者の同意のもとに，上司や同僚などと協力し，早急に適切な援助に「確実に繋ぐ」ことが望ましい。

4　援助職従事者としての自分のために

(1) 心構え
1) 普通・適当・いい加減

　普通・適当・いい加減，この三つの言葉は，とりわけ真面目な援助職従事者には，いずれも否定的なイメージで受け止められることが多いように思われる。それは言葉の持つ意味解釈が表面的だからではないだろうか。普通という言葉は，「あまねく通じる」と読むのだから，どのようにも変わってもいける臨機応変な柔軟性があるということに通じる。適当という言葉は，いわゆる中途半端というのではなく，まさに的中し，的に当たったということである。つまり，適当にやるためには課題や状況をよく理解し，その中で本当に何が必

要なのかを理解していないとできないのである。いい加減という言葉は，まさにバランスがよいということを意味する。厳し過ぎず，優し過ぎず，頑張らせ過ぎず，怠けさせ過ぎずというように，上手くバランスをとることである。このようにしてみると，普通，適当，いい加減という三つの言葉は，柔軟に，適切に，バランスよく対応していくという，対人援助職全般において必要な心構えといえるのではないだろうか。

2) わきまえる

　援助職従事者にも各人の守備範囲があり，それは守られる必要がある。たとえ，援助職従事者であっても援助できることとできないことがある。限界があるのである。「丸抱えの共倒れ」というのは，専門家としてあってはならないことである。自分の守備範囲，つまり「今の自分」（p.49「2　自己理解の促進」参照）にできることを正しく認識し，その範囲内で最大限にかかわるのが専門家としてあるべき援助なのである。

　援助職従事者自身が心配のあまり過剰に世話をやき過ぎると，被援助者に依存性が高まり，本来ならば家族に求めるようなことまで要求するようになる場合がある。すると今度はそれが負担になり，援助職従事者自身の限界を超えたときには「あまりにも甘えすぎ」といった気持ちが生まれてきてしまう。態度に出てしまったり，つい口にしてしまうようなことがあれば，被援助者の依存性が高いほど「拒絶された」と受け取られ，以後はかかわりを拒否されるという最悪の事態になることもある。

「今の自分」にできないことを恥じたり落胆したりする必要はない。学習や経験を積めばできるようになることがほとんどである。学習や経験を活かして一生懸命に援助して，それを感謝されて，達成感を得る機会が多い仕事である。

しかしながら，学習や経験だけでは援助できないことにぶつかることがある。一生懸命援助したいのはやまやまだが様々な事情でそれがかなわないこともある。また，自分が一生懸命に援助をしたからといって，必ず見返りがくるとは限らない。一生懸命に援助しても感謝されることも達成感もないこともある。それが職業である限り，自分の仕事を一生懸命するのは当たり前であり，誰もがそうしているのである。自分は万能ではないことをわきまえつつ，自己研鑽によって専門性を高める努力が常に求められる仕事である。対人援助職というのは，元来，そういうものなのである。

(2) スーパービジョン

スーパービジョン（supervision）は，カウンセラーのみならず，看護師，精神保健福祉士や作業療法士などの援助職従事者が，スーパーバイジー（supervisee）として，スーパーバイザー（supervisor）から受ける継続的教育訓練である。

1922年，ベルリン精神分析研究所で始まり，米国の社会福祉士の間で広く普及した。英国では，国民保険サービス（NHS：National Health Service）に所属する看護師の場合，卒後教育と実務経験（PREP：Post-Resist Education and Practice）の要件を満たすことが資格登録更新のための必須条件とされている。また，援助職従事者には資格要件として

スーパービジョンが要求されている。

スーパービジョンは，心理や精神領域にとどまらず，福祉，教育や介護などの現場で広く用いられている。対人援助技術の資質向上を目指し，臨床活動における問題点，改善点，自己盲点や被援助者の状態に気づき，客観的視点を保つための指導，助言や示唆などを受けるのである。大別すると，面談方式で規則的に行われる個人スーパービジョンと，複数のスーパーバイジーに教育指導が行われるグループ・スーパービジョンがある。一般的には，能力・技術・経験の高い人がスーパーバイザーとなるが，序列関係が必須なわけではなく，対等なキャリアでスーパービジョンが行われることも少なくない。

スーパービジョンの機能としては，管理的機能，教育的機能，支持的機能があげられる。

まず，管理的機能は，スーパーバイジーの能力を把握し，能力に見合う業務を担当できるよう管理することである。教育的機能は，スーパーバイジーが既得の知識や技術を活用できるような方法を示唆したり，不足している知識や技術を指摘して課題を示すことである。多角的，相対的な視点で効率的な実践教育や資質向上のための訓練が行なわれる。具体的には，アセスメントや援助技術などの熟練を目的とする実際の臨床場面や役割練習（ロール・プレイ／role play）を通して，被援助者に対する援助，態度や発言について指導や助言が行なわれる。支持的機能では，スーパーバイジーができていることを認め，できていないことに取り組む姿勢を励ます。スーパーバイジーは不安や疑問点などをスーパーバイザ

ーに相談し助言や支持を得ることができる。知識や技術の向上のみならず，援助職従事者の精神健康(メンタルヘルス)の維持という観点も含まれている。援助職従事者の精神健康(メンタルヘルス)については，一般の労働者ほど注目されてきてはいない。スーパービジョンにおける管理的機能や教育的機能はもちろんのこと，とりわけ支持的機能は仕事への動機づけや燃えつき症候群の予防において重要であると思われる。

　スーパービジョンは，対人援助の仕事を細く長く続ける上で欠かせないものである。個人・集団にかかわらず，とりわけ仕事に対して自信を失くしたり，疲労感が大きくなっているときは有効である。自己投資と考え，積極的に活用することが望まれる。

引用・参考文献

American Psychiatric Association (2003) *Quick Reference to the Diagnostic Criteria from DSM-IV-TR.* (高橋三郎・大野裕・染矢俊幸訳 (2007) 新訂版DSM-IV-TR 精神疾患の分類と診断の手引き 医学書院)

Biestek, Felix Paul (1957) *The Casework Relationship.* Chicago, Loyola University Press. (尾崎新・福田俊子・原田和幸訳 (2006) ケースワークの原則─援助関係を形成する技法─ 誠信書房)

土居健郎 (1992) 新訂 方法としての面接 臨床家のために 医学書院

土居健郎 (2000) 燃えつき症候群 金剛出版

東洋・大山正・詫摩武俊・藤永保編 (1995) 心理学の基礎知識 有斐閣

羽下大信 (1994) サイコセラピストたち─ニューヨークと日本で─ 神戸市外国語大学外国学研究所 研究叢績第24冊

羽下大信 (1997a) 心理臨床の森で─自己治癒への道を探して─ 近代文芸社 37-38

Herman, Judith Lewis (1992) *Trauma and Recovery.* New York, Basic Books, a division of HarperCollins Publishers, Inc. (中井久夫訳 (1996) 心的外傷と回復 みすず書房)

飯塚和之 (1984) 精神障害者の加害行為と精神科医の責任：タラソフ判決の検討 商学討究 35 (1) 107-120

小林利宣編 (1995) 教育・臨床心理学中辞典 北大路書房

国分康孝編 (2003) 現代カウンセリング事典 金子書房

小西友七 (1992) ジーニアス英和辞典 大修館書店

子安増生 (1996) 生涯発達心理学のすすめ 有斐閣

中島暢美 (2010) 大切なことをあきらめないために─看護学生のためのディブリーフィング・ワーク─ ぽっと舎

中島暢美 (2011) ディブリーフィング・ワークの研究─看護学生の臨地実習におけるディブリーフィング・ワークの心理教育的意義─ 関西学院大学出版会

中島暢美 (2013) 高機能広汎性発達障害の大学生に対する学内支援 関西学院大学出版会

野中猛 (2006) 英国の精神保健を支える各職種の実情─教育体系と臨床機能

―　日本福祉大学社会福祉論集 115　157-169
新村出編（2008）広辞苑第六版　岩波書店
岡田敬司（1998）コミュニケーションと人間形成　かかわりの教育学Ⅱ　ミネルヴァ書房
大橋紀美（1998）心理臨床家の倫理に関する文献抄　金沢大学臨床心理学研究室紀要 7, 41-46
Allen, R. E. (1990) *The Concise Oxford Dictionary of Current English.* Eighth Edition Oxford University Press Inc.
佐治守夫・保坂亨・岡村達也（1992）カウンセリングを学ぶ　東京大学出版会
思想の科学研究会編（1995）新版　哲学・倫理用語辞典　三一書房
竹内敏晴（1985）ことばが劈かれるとき　思想の科学社
無藤隆・田島信元・高橋恵子編（1990）発達心理学入門Ⅰ, Ⅱ　東京大学出版会
白瀬由美香（2011）イギリスにおける医師・看護師の要請と役割分担（特集　医師・看護師の養成と役割分担に関する国際比較）海外社会保障研究　52-63
曽根志穂・高井純子・大木秀一・斉藤恵美子・田村須賀子・金川克子・佐伯和子（2005）イギリスにおける看護師の教育制度の変遷と看護職の現状　石川看護雑誌 3（1）95-102
田嶌誠一（2009）現実に介入しつつ心に関わる―多面的援助アプローチと臨床の知恵―　金剛出版
鑪幹八郎（1991）試行カウンセリング　誠信書房
藤堂明保・加納喜光編（2005）学研新漢和大字典　学習研究社
氏原寛ら編（1999）カウンセリング辞典　ミネルヴァ書房
World Health Organization (2008) *The ICD-10 Classification of Mental and Behavioural Disorders.* WHO Diagnostic criteria for research（中根允文・岡崎裕士・藤原妙子・中根秀之・針間博彦訳（2008）新訂版ICD-10　精神および行動の障害 DCR 研究用診断基準　医学書院）

索　引

あ

相鎚　7, 124, 139
アヴェロンの野生児　68
アクティブ・リスニング　13, 25
アセスメント　115
安心　35
　——感　72
安全基地　65
怒り　18, 72, 128
意識　46, 80
　——下　80
いじめ　83, 100, 165
依存性　67, 128, 174
イタール（Itard, J.）　68
イド　80
うぬぼれ　74
羨ましがり　74
エインスワース（Ainsworth, M.）　65
エリクソン（Erikson, E. H.）　51, 52, 64
援助　12, 15, 30, 102, 119, 161, 162, 164, 175
応答技術　12, 14
恐れ　73
お互い的　86
　——関係（相互関係）　88
　——コミュニケーション　86
　——主観性(相互主観性)　87
　——知識　87
　——理解(相互理解)　88

か

介護福祉士　14, 165
快楽原理　18, 80
カウンセラー　97
カウンセリング　97
過剰適応症候群　19
過剰保護・過干渉　106
仮説　119
家族関係図　102
家族図　102
家族歴　101
価値観　17, 29, 30
葛藤　13, 76, 77, 100, 128
過保護・過干渉　69
感覚　44, 47
看護師　14, 38, 77, 94, 164
観察　109, 140
感じ　29, 33, 35, 36, 56, 87, 90, 93, 122, 141
感受性　113
感情　141, 143
　——移入　121
感性　93, 113
完璧主義　19
既住歴　101
基本的情動性　49
基本的信頼　51
虐待　106, 157, 169
吸啜-休止のリズム　57
教育　4, 9
共感　92

――的理解　　93
教師　　14, 27, 35
現実原理　　80
攻撃性　　83
合理化　　83
刻印づけ　　33
個人差　　69
コミュニケーション　　9, 32, 65, 110
　　言語的――　　11, 25
　　――・スキル　　9, 14, 15, 20, 25
　　――・ツール　　10, 42
　　――能力　　10, 15
　　――の原初形態　　55
　　情緒的――　　56
　　非言語的――　　110
コンフリクト
　　回避-回避型――　　78
　　接近-回避型――　　79
　　接近-接近型――　　78
　　ダブル接近-回避――　　79
コンプレックス　　81

さ

最初の接触　　33, 106
催眠　　37
作業療法士　　14, 89
自我　　80
時間厳守　　126
施設病　　71
自尊心　　74
嫉妬　　74
社会的価値　　8, 11
社会的参照　　61
社会的相互交渉　　55
社会的微笑　　60
社会的不適応　　97
重要な他者　　12, 76, 92

主観　　88
主訴　　107
主体　　88
守秘義務　　129
受容　　17, 86
準備（レディネス）　　166
昇華　　84
常識的対応　　149
情動一体的関係　　61
初期学習／初期経験　　33, 107
職病歴　　101
助言　　8, 30, 39, 100, 158
心理的打撃　　12
自立　　66
診断　　115
親密性　　69
信頼関係　　18, 32, 51
信頼性　　51
心理教育　　101
心理的打撃　　146
心理療法　　38, 97
スーパーバイザー　　175
スーパーバイジー　　175
スーパービジョン　　27, 175
スクール・カウンセラー　　104
ストレス　　13, 100
スピッツ（Spitz, A.）　　70, 71
生活歴　　101
精神健康　　101, 177
精神保健福祉士　　14
成長過程　　9, 41
生理的早産説　　67
生理的欲求　　51
積極的傾聴　　13, 25
前意識　　80
相互交渉の原型　　57
相互同調性　　56
相互理解　　37, 49

た

- ターン・テイキング 57
- 体験 113
- 退行 83
- 対処 151, 158
- 鑪幹八郎 50
- 探索的・挑戦的行動 66
- チーム・ワーク 15, 163, 165
- 治癒 99
- 超自我 80
  - ——の形成 63
- 直感 114
- 直観 114
- 治療 97
- 敵意 72
- 適応 19, 92
  - 受動的—— 19
  - ——機制 84
  - 能動的—— 19
- 土居健郎 19, 164
- 同意 130, 170, 173
- 同一視 63
- 投影 82
- 動機づけ 118, 177
- 動作 36, 68
- 同情 93
- 逃避 82
- 取り入れ 63

な

- 中島暢美 15
- 日常的コミュニケーション 149

は

- 人格 18, 51
- ハーロウ（Harlow, F.） 71
  - ——の実験 71
- バーン・アウト 19
- バイスティック（Biestek, F. P.） 16, 18, 20
- 発達段階 100
- 反社会的行動 84
- 反動形成 82
- 万能感 54
- 反応レパートリー 55
- 反復 142
- 人見知り 5, 60
- 皮膚接触 70
- 比喩 141
- 不安 18, 56, 73, 79, 117, 125, 128, 146, 156
- 不可逆的性質／非可逆性 33
- 不適応 18, 79
- 不登校 35, 100
- ブライド（Braid, J.） 37
- プライバシー 17, 129, 170
- フロイト（Freud, S.） 76, 80
- 過程（プロセス） 21
- 分離不安 60
- 変容 12
- 保育士 111, 149
- 防衛機制 47, 76
- ボウルビィ（Bowlby, J.） 71
- 母子関係 65
- 補償 84
- ホスピタリズム 71
- 母性的愛撫 70
- 母性的養育関係 52
- 母性剥奪 71
- ポルトマン（Portmann, A.） 67, 68

ま

- 待つ 60, 125, 126, 141
- 見立て 112
- ミラーリング効果 36

無意識　36, 48, 80
無力感　81
メスメル（Mesmer, F. A.）　37
燃えつき症候群　164, 177
模倣　36, 62

や

役割練習（ロールプレイ）　176
有能感　54
要約　142
抑圧　18, 81
欲求　6, 76
　——不満　6, 13, 73, 75, 77

予防　101, 177

ら

ラポール　18, 32, 37
理学療法士　14
理性　110
理想原理　80
リップス（Lipps, T.）　121
臨床心理士　14
レヴィン（Lewin, K.）　77, 78
劣等感　63
ローレンツ（Lorenz, K.）　33

【著者紹介】

中島暢美（なかじま・のぶみ）
大分県立芸術文化短期大学教授
2009 年京都大学大学院博士課程修了，博士（人間・環境学）
主著に，『ディブリーフィング・ワークの研究』（関西学院大学出版会），『高機能広汎性発達障害の大学生に対する学内支援』（関西学院大学出版会），『現実に介入しつつ心に関わる　展開編』（分担執筆，金剛出版）など。

対人援助職のためのリスニング
カウンセリングの基本となる聞き方

2014 年 4 月 20 日　初版第 1 刷発行　（定価はカヴァーに表示してあります）
2018 年 4 月 10 日　初版第 2 刷発行

　　　　著　者　中島暢美
　　　　発行者　中西　良
　　　　発行所　株式会社ナカニシヤ出版
　　　〒606-8161　京都市左京区一乗寺木ノ本町 15 番地
　　　　　　　　Telephone　075-723-0111
　　　　　　　　Facsimile　075-723-0095
　　　　　　Website　http://www.nakanishiya.co.jp/
　　　　　　E-mail　iihon-ippai@nakanishiya.co.jp
　　　　　　　　郵便振替　01030-0-13128

装幀＝湯川亮子／印刷・製本＝ファインワークス
Copyright © 2014 by N. Nakajima
Printed in Japan.
ISBN978-4-7795-0836-3

本書のコピー，スキャン，デジタル化等の無断複製は著作権法上での例外を除き禁じられています。
本書を代行業者等の第三者に依頼してスキャンやデジタル化することはたとえ個人や家庭内の利用であっても著作権法上認められておりません。